돈의문전시관

DONUIMUN MUSEUM

일러두기

1. 이 도록은 돈의문전시관의 상설전시 내용을 소개하는 전시도록이다.
2. 도록에 수록된 유물은 유물명, 저자(작가), 제작시기, 크기, 소장처, 문화재 지정번호 순으로 표기하였다.
   서울역사박물관 소장 유물은 소장처를 표기하지 않았다.
3. 유물 크기는 세로×가로(㎝)를 원칙으로 하였으며, 그 외 필요한 경우에는 별도 표기하였다.
4. 본문에서 책은 『 』, 신문은 《 》, 논문은 「 」로 표기하였다.
5. 구술자료는 인용문으로 처리하였으며, 구술자의 이야기를 그대로 살리기 위해 문법에 따른 교정을 하지 않았다.
6. 구술내용은 실명을 표기하였고, 사진의 경우 동의를 받아 사용하였다.
7. 서울역사박물관 소장 유물사진은 서울역사박물관에, 그 외 사진은 각 소장처에 저작권이 있다.

차 례

발간사

돈의문敦義門은 한양도성의 서쪽 대문입니다. 1396년(태조 5) 한양도성이 1차 완공되었을 때 '의義를 두텁게 하는 문'이라는 뜻으로 돈의문이라 이름을 붙였습니다. 이후 1413년(태종 13) 풍수를 이유로 문을 닫은 뒤, 1422년(세종 4) 현재의 '돈의문 터'에 다시 지어졌습니다. 이때부터 돈의문은 신문新門 또는 새문이라는 별명을 갖게 되었습니다. 돈의문을 지나는 도로는 신문로 또는 새문안로라 불리고, 그 안쪽 동네는 자연스레 새문안 동네로 불렸습니다.

한양도성과 경희궁 궁장, 새문안로로 둘러싸인 새문안 동네의 모습은 조선시대 옛 지도에서 쉽게 확인할 수 있습니다. 조선시대는 경희궁에 인접하여 관상감과 대루원 등의 시설이 있었고, 개항 이후에는 서대문 정거장과 정동지역의 외국 공관과 가까워 외국인들이 거주하기도 했습니다. 1930년대에 유한양행과 같은 근대회사가 들어서고 도시한옥주거지가 개발되었으며, 1960~1970년대에는 주변의 명문학교와 유명학원의 영향으로 신문로 과외방으로 각광받았습니다. 1980년대에 명문학교의 강남이주로 인해 과외방은 사라지고, 새문안로 주변에 방송국, 병원, 회사 등이 세워지면서 이 동네는 직장인들이 즐겨 찾는 식당가가 되었습니다. 시대가 변하면서 동네의 성격과 기능이 변하고 골목을 거닐던 사람들은 변하였지만, 한옥과 양옥과 소규모 상업건물, 그리고 골목은 큰 변화 없이 그 풍경을 지켜왔습니다. 이러한 새문안 동네의 오래된 풍경은 조선시대부터 현대에 이르는 도시 이력을 기억하고 있었습니다.

그런데 2003년 새문안 동네를 포함하여 교남동 일대가 돈의문 뉴타운으로 지정되었습니다. 2013년 성 밖 교남동의 철거가 시작되었고, 새문안 동네 역시 근린공원으로 조성하기 위해 전면 철거될 예정이었습니다. 그러나 서울시는 옛 도시조직을 모두 지워버리는 전면철거 대신 도시재생의 방법을 선택하였고, 골목을 따라 건물을 비우거나 혹은 보강하면서 도시의 오래된 층위와 풍경을 지키고자 하였습니다. 2017년 새문안 동네는 돈의문 박물관 마을로 다시 태어났습니다.

한편 서울역사박물관은 2009년 서울생활문화자료조사의 일환으로 이 지역의 역사와 도시공간과 주거를 조사하여 돈의문 뉴타운 조사보고서『돈의문 밖, 성벽 아랫마을』과『도시민의 삶과 주거』 2권의 책으로 발간하였습니다. 그리고 철거가 진행될 때는 현장에 나가 도시한옥의 주춧돌, 식당의 메뉴판과 그릇, 문패 등 동네의 이력을 담고 있는 사물 총 181건 526점을 수집하였습니다. 더하여 2013년 5월부터 민간연구모임의 교남동 일대 학술조사를 시작으로, 서울시는 새문안 동네의 건물을 실측하고 주민을 인터뷰하는 등 돈의문 박물관 마을로의 변화과정을 기록하였습니다. 이 결과물로 교남동과 새문안 동네에서 총 307동의 건물에 대한 310장의 현장 기록 도면과 15,000여 장의 현장 기록 사진을 남겼습니다.

이러한 일련의 노력과 성과가 모여 돈의문전시관이 개관하였습니다. 이탈리안 레스토랑 '아지오'와 한식 식당 '한정'으로 사용되던 두 동의 양옥은 이제 아지오전시실과 한정전시실이 되었습니다. '이조순대국'과 '고인돌' 집은 교육관이 되었습니다. '무진장'과 '한양삼계탕' 집터에는 발굴된 경희궁의 궁장과 생활유적을 원형 그대로 보존하여 유적전시실을 조성하였습니다.

돈의문전시관은 돈의문 일대의 역사와 장소, 그리고 그곳에 살았던 사람들의 삶과 기억을 저장하는 현장 박물관입니다. 돈의문전시관의 집과 골목을 걸으면서 가까운 과거를 추억하고, 사물과 기록의 오래된 기억을 회상하는 서울역사산책을 이어가길 기대합니다.

2019년 12월

서울역사박물관장 송인호

돈의문전시관은 아지오전시실, 한정전시실, 유적전시실 모두 3개의 전시동으로 이루어집니다.
아지오와 한정 건물은 1950~1960년대 가정집으로 지어진 건물로,
1990년대부터 2000년대 후반까지 식당으로 운영되다가 리모델링을 거쳐
2018년 돈의문전시관으로 새롭게 조성되었습니다.
편안, 안락을 뜻하는 이탈리아어인 아지오AGIO는
이탈리안 레스토랑이었고, 한정은 한정식집이었습니다.
전시관은 건물이 가진 기억을 그대로 되살리고자 전시실 이름도
식당 이름인 아지오와 한정을 그대로 따랐습니다.
유적전시실 건물은 원래 한양삼계탕과 무진장 고깃집이 운영되던 곳입니다.
발굴조사 결과 경희궁 남측 담장이 발견되면서
원형 그대로 현장을 보존하여 유적전시실로 조성하였습니다.

prologue

박물관이 된 식당

아지오 AGIO

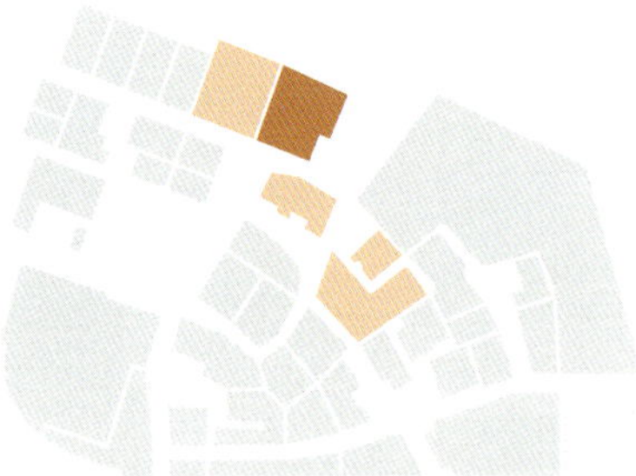

아지오는 두 개의 건물이 연결된 형태입니다. 그중 우측 건물이 1955년에 먼저 지어졌고, 좌측 건물이 1967년에 새로 지어졌습니다. 오랫동안 주택으로 각각 사용되다 1990년대 초부터 2008년까지 이탈리안 레스토랑 아지오로 운영되면서 하나의 공간이 되었습니다. 유럽풍 인테리어와 경희궁과 새문안 동네를 한눈에 볼 수 있는 2층 전망이 좋아 데이트 코스로 인기가 많았습니다. 현재는 돈의문전시관 전시실이 되었습니다.

2015

아지오AGIO 레스토랑

종로구 신문로2가 7-33, 34-2번지

1955	1967	1990년대 초~2008	2018
34-2번지 2층 주택 신축	7-33번지 2층 주택 신축	두 건물을 연결해 아지오 레스토랑 운영	돈의문전시관 아지오전시실 조성

2018

아지오전시실

종로구 새문안로 35-54, 35-52

한정 韓井

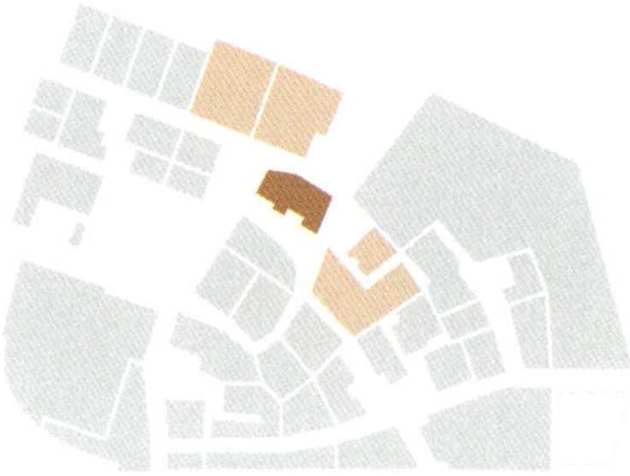

한정 건물은 1965년에 주택으로 지어졌습니다. 1990년부터 2015년까지 25년간 '한정'이라는 한정식집으로 운영되었습니다. 1960~1970년대 유행하던 2층 양옥 양식으로, 곡면으로 처리된 창호와 지붕에 있는 채광 구멍 등 독특한 요소를 지닌 건물입니다. 마당을 꾸미던 괴석은 경희궁의 흔적으로 밝혀져 2015년 서울역사박물관에 기증되었습니다. 현재는 돈의문 전시관 전시실이 되었고, 경희궁 괴석은 아지오전시실에서 볼 수 있습니다.

2015

한정韓井 식당

종로구 신문로2가 33번지

1965	1990~2015	2018
2층 주택 신축	한정 식당 운영	돈의문전시관 한정전시실 조성

2018

한정전시실

종로구 새문안로 35-50

유적전시실

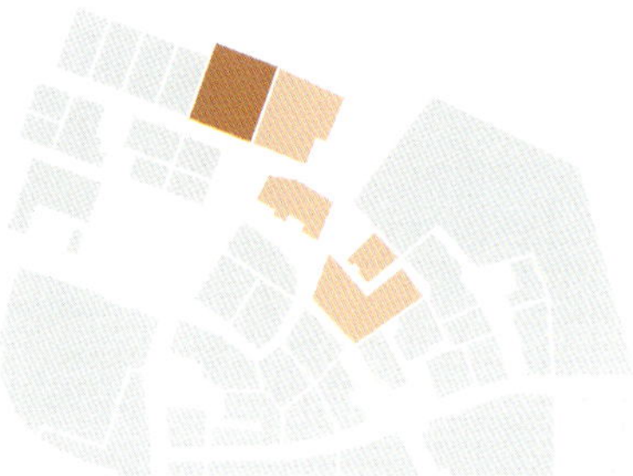

유적전시실은 1930년대 조성된 한옥 두 채가 있던 곳입니다. 7-4번지는 1991년부터 식당으로 용도를 변경해 2000년대 중반까지 서라벌보쌈이, 2015년까지는 한양삼계탕이 영업을 하였습니다. 7-3번지는 식당으로 용도 변경된 정확한 시점을 알 수 없지만 2009년까지 메밀음식 전문점인 봉평식당이, 2009년부터 2016년까지는 고기구이집 무진장이 있었습니다. 두 집터에 한옥을 새로 지을 예정이었으나 경희궁 궁장이 발굴되어 유적전시실로 조성하였습니다.

2015

무진장, 한양삼계탕 식당

종로구 신문로2가 7-3, 7-4번지

1931
7-3, 7-4번지
주택 신축

1961
7-4번지
주택 증축

1991~2000년대
7-4번지
서라벌보쌈 운영

?~2009
7-3번지
봉평식당 운영

2009~2016
7-3번지
무진장 운영

2000년대 후반~2015
7-4번지
한양삼계탕 운영

2016
발굴조사 및 문화재청
매장문화재 보존 결정

2018
돈의문전시관 유적전시실 조성

2018

유적전시실

종로구 송월길 20-11

교육관

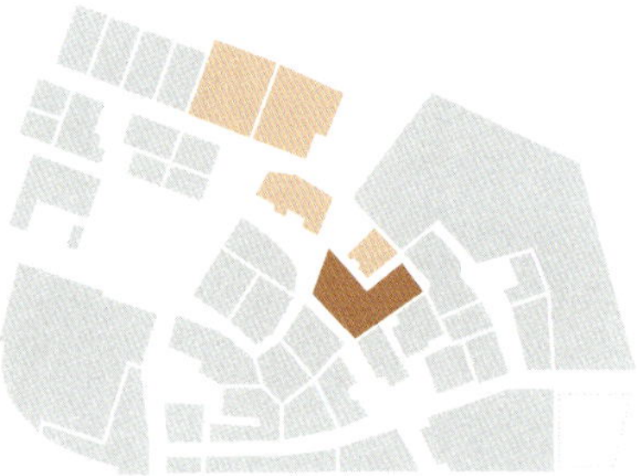

교육관 건물은 1977년에 지어져 주택과 점포로 사용되었습니다. 1980년대에는 아이템풀 예비고사 연구회라는 학습지 본사가 학원을 운영하던 곳이었으며, 1991년부터는 식당과 사무실로 이용되었습니다. 2000년대 후반부터 1층에는 이조순대국이, 지하 1층에는 고인돌이라는 생선구이 식당이 있었습니다. 현재는 돈의문전시관 교육관이 되었습니다.

2015

이조순대국, 고인돌 식당

종로구 신문로2가 37번지

1977	1991	2008~2013	2010~2013	2018
2층 주택 신축	지하1층, 1층 점포, 2층 사무실로 용도 변경	1층 이조순대국 운영	지하1층 고인돌 운영	돈의문전시관 교육관 조성

2018

교육관

종로구 새문안로 41-6

아지오전시실은 두 동의 건물을 통로로 연결해서 하나로 사용한 2층 건물입니다.
이탈리안 레스토랑으로 쓰면서 1층은 주방 공간, 2층은 식당 공간으로 사용하였습니다.
전시실 역시 두 건물의 연결성을 그대로 살려 1층에서는
조선시대부터 일제강점기까지 돈의문 안과 밖의 역사를 소개합니다.
한양도성의 서쪽 대문인 돈의문을 중심으로 안으로는 경희궁을,
밖으로는 도성 밖 다양한 삶의 모습과 풍경들을 보여주고 있습니다.
또한 개항 이후부터 일제강점기까지 돈의문과 주변 지역의 변화 모습을 전시하고 있습니다.

아지오
AGIO

1F

돈의문 일대의 역사

화면을 누르면 자세한 정보를 볼 수 있습니다
Please touch the screen

경희궁의 주변 시설
Infrastructure Near
Gyeonghuigung Palace

한양의 서쪽, 돈의문敦義門의 안과 밖

한양의 서부는 도성의 서쪽 대문인 돈의문을 중심으로 도성 안과 밖으로 나뉘었다. 도성의 서쪽 대문인 돈의문 밖으로는 북쪽으로 무악재를 넘어 의주로 통하는 길과 서쪽으로 애오개를 넘어 한강변의 마포, 양화진에 닿는 길이 이어졌다. 조선시대 의주로는 군사적·외교적으로나 경제적으로 가장 중요한 제1대로였으며, 애오개길도 조세곡과 진상품, 기타 도성민의 일상 생활용품이 반입되는 주된 통로였다. 돈의문 밖에 경기감영을 둔 것도 이 길이 특히 중요하였기 때문이다.

돈의문 주변 지역은 안으로는 한성부 서부 여경방餘慶坊·인달방仁達坊·적선방積善坊 등이, 밖으로는 반송방盤松坊·반석방盤石坊 등이 편제되었다. 이중 반송방은 이 일대에 반송盤松이 많아 붙은 이름으로, 돈의문 밖 서지西池 주변에 있던 정자의 이름도 반송정盤松亭이었다. 이 주변은 물이 맑고 경치가 수려하여 한양에서도 손꼽히는 명소였다.

광화문에서 황토현에 이르는 큰길 좌우는 관청가였으며, 그 서쪽에도 내자시內資寺·내수사內需司·의영고義盈庫 등 궁궐 소용 물자들을 관리하는 관서들이 있었다. 임진왜란 이후 돈의문 바로 안쪽에 경희궁이 지어졌고, 그 옆에 훈련도감 신영·비변사·관상감 등이 설치되었다. 이 때문에 이 일대에는 관료·경아전京衙前·군속軍屬 등이 특히 많이 살았다.

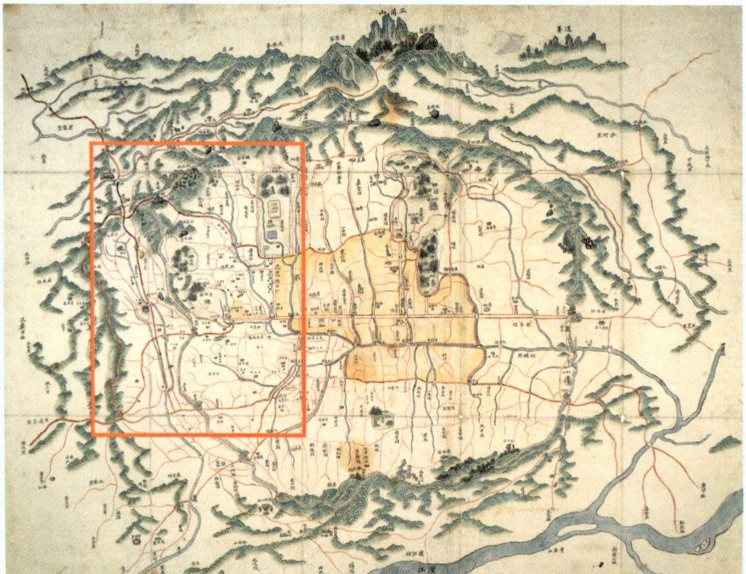

도성도《여지도》
都城圖《輿地圖》

1750년대 | 75.5×98
서울대학교 규장각한국학연구원

돈의문 밖 반송방은 성저십리 지역이었으나 한성부 내 5부방제에 포함시켜 관리하였다. 경기지방을 관할하는 경기감영, 중국 사신을 영접하던 모화관, 반송방의 유래가 된 반송정과 서지, 천연정 등 관아와 명승지가 공존한 지역이었다.

홍제원
창의궁
비각
필운대
인달방
경복궁
영은문
모화관
연향대
내자시
사직
장흥고
적선방
내수사
의영고
연자루
월암
봉상시
훈국신영
경희궁
반송지
비변사
경기감영
돈의문
반송방
관상감
여경방
경교
경영고
함춘원
고마청
명례궁
용동궁
소의문
반석방

도성의 서쪽 문, 돈의문

1396년(태조 5) 한양도성이 1차 완공되었을 때, 서쪽 문에는 유교의 오상五常에 따라 돈의문敦義門이라는 이름을 붙였다. '의義를 두텁게 하는 문'이라는 뜻이다. 1413년(태종 13) 경복궁의 지맥을 해친다는 풍수상의 이유로 이 문을 폐쇄하고 그 북쪽에 따로 서전문西箭門을 내었으나, 1422년(세종 4)에 다시 서전문을 막고 돈의문을 열었다. 이때부터 돈의문에는 신문新門 또는 새문이라는 별칭이 붙었고, 돈의문 안쪽 동네는 '새문안골'로 불렸다.

북문인 숙정문과 서북문인 창의문은 풍수상의 이유로 닫아 놓았기 때문에, 서울의 서북쪽 지역을 통과하는 사람과 물자는 돈의문을 이용할 수밖에 없었다. 돈의문 안쪽에 위치한 경희궁의 호위扈衛를 이유로 때때로 문을 막기도 하였으나 1744년(영조 20) 다시 한양의 서쪽 출입로로서 위상을 되찾았다.

개항 이후에는 서울~인천 간 육상 및 수상 교통이 늘어나고 경인철도 서대문정거장이 생김으로써 돈의문 주변의 교통량이 폭증하였다. 1915년 일제가 돈의문을 철거함에 따라 이로써 돈의문은 한양도성의 사대문 중 유일하게 사라지게 되었다.

městská brána
도시 대문

엔리케 스탄코 브라즈Enrique Stanko Vráz | 1901
체코국립박물관-나프르스텍 아시아 아프리카 아메리카 문화박물관

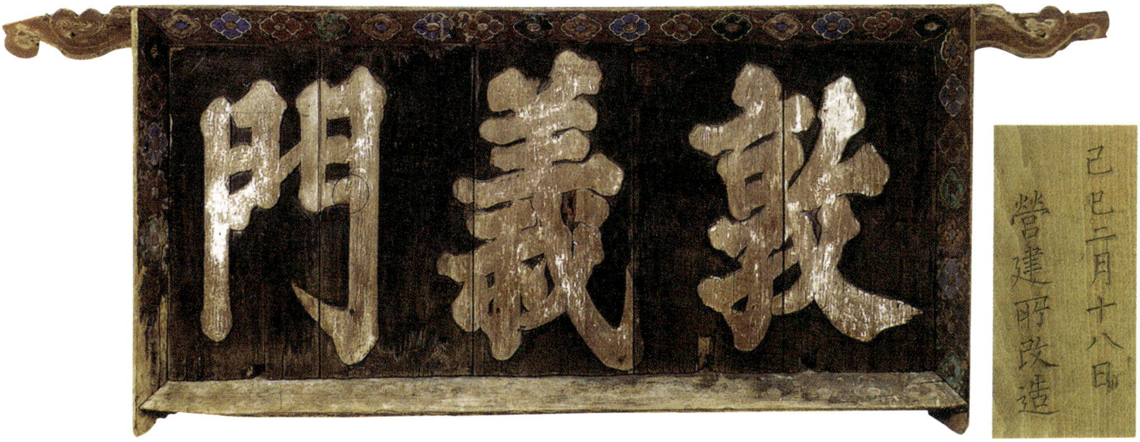

돈의문 현판
敦義門 懸板

1749 | 115.5×308 | 국립고궁박물관

현판 뒷면에 '신묘년 11월 15일 유학 신 조윤덕이 전교를 받들어 쓰다辛卯十一月十五日 幼學臣曺潤德奉敎書', '기사년 2월 18일 영건소에서 개조하다己巳二月十八日 營建所改造'라고 음각되어 있다. 신묘년은 1711년(숙종 37)이고, 기사년은 1749년(영조 25)이다.

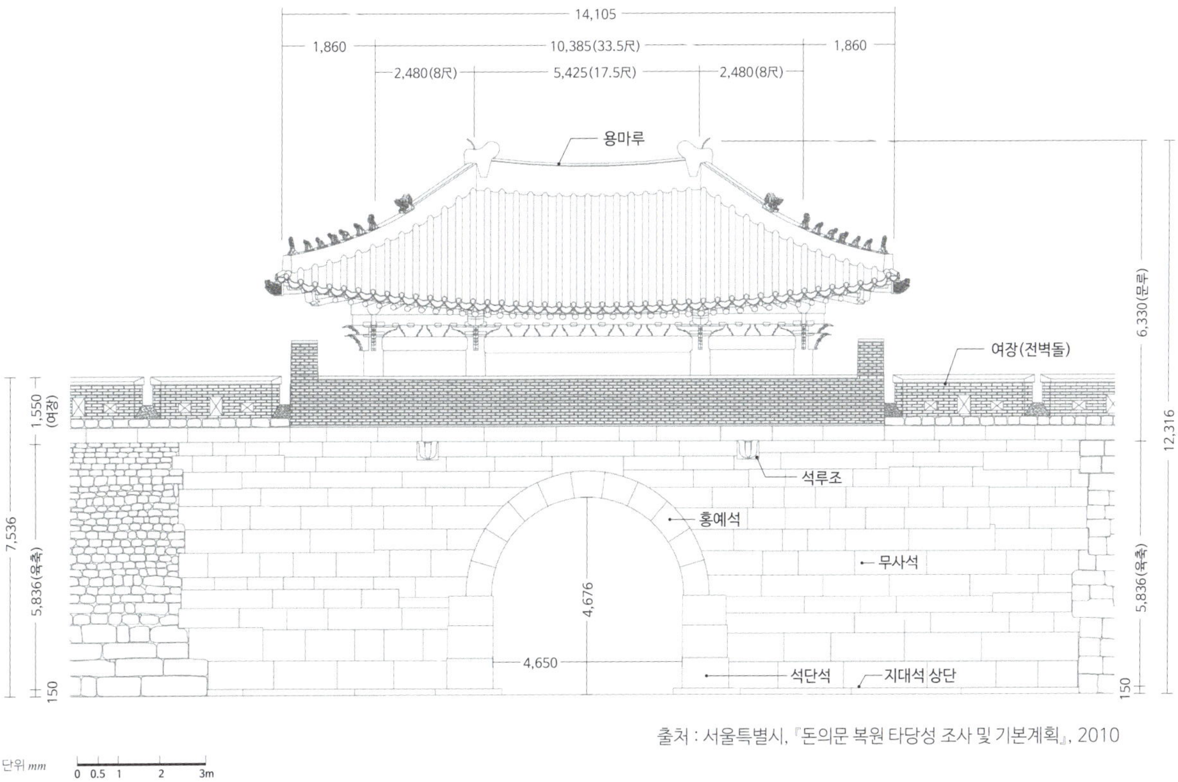

출처 : 서울특별시, 『돈의문 복원 타당성 조사 및 기본계획』, 2010

돈의문 연표

1396
태조 5
돈의문 건립
현 사직터널 부근 추정

1413
태종 13
돈의문 폐쇄
서전문 건립
경희궁 서쪽 언덕 추정

1422
세종 4
서전문 철거, 돈의문 이전
현 강북삼성병원 앞 사거리

1592
선조 25
돈의문 문루 소실

1711
숙종 37
돈의문 문루 조성

문루가 표현되지 않은 돈의문
도성도(부분) | 18세기
국립중앙도서관

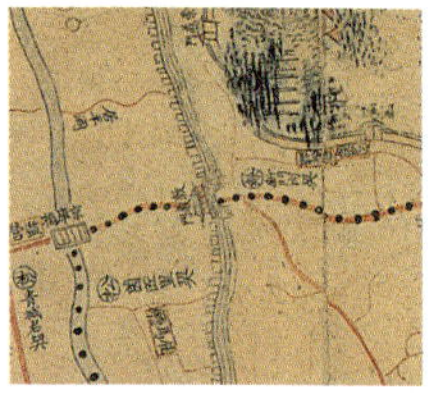

문루가 표현된 돈의문
도성대지도(부분) | 18세기

1500　　1800

역사 속의 돈의문

1453
단종 1
계유정난
수양대군이 왕위를 빼앗기 위해 일으킨 사건
김종서가 돈의문 밖 자택(현 농업박물관 자리)에서
수양대군 심복의 기습으로 부상당한 뒤
단종을 만나려고 돈의문을 통과하고자 하였으나 실패,
그날 새벽 자택에서 살해당함

1592
선조 25
임진왜란
4월 29일 선조는
돈의문을 지나
의주로 피란

1624
인조 2
이괄의 난
평안병사 이괄이 인조반정 이후
공신 책봉의 불만으로 일으킨 반란
안산(무악재) 전투에서 패배한 이괄이
군사 100여 명을 이끌고 돈의문으로
도망하려 하였으나 실패하고, 숭례문을 통해
광희문으로 빠져나가 광주로 도망

1898
고종 35
돈의문 문짝 제거, 돈의문 지반 공사
전차 통행을 위해 지반을
파내어 홍예 높이 확보

전차 개통 전후 돈의문 주변

1915
돈의문 철거

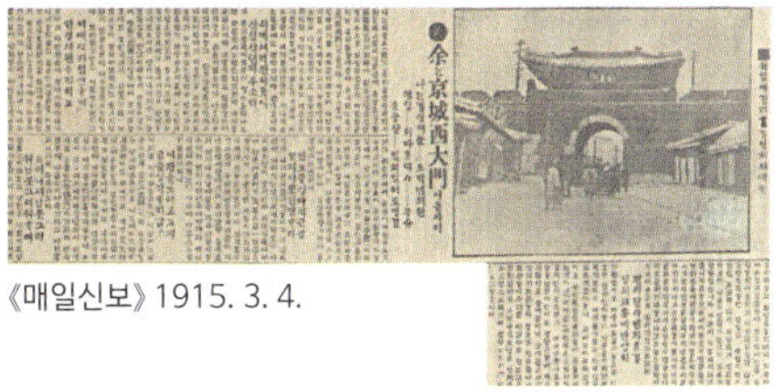

《매일신보》 1915. 3. 4.

1985
돈의문터 기념표석 설치

2007
'보이지 않는 문' 설치

도시갤러리 프로젝트(안규철 作)

1900 **2019**

1882
고종 19
임오군란
신식군대(별기군)와 구식군대 차별로
구식군인들이 일으킨 병란
6월 9일 제3대대는 돈의문을 지나 경기감영을 습격하고,
돈의문 밖 일본공사관을 방화하자
일본공사는 마포~양화진을 거쳐 인천으로 도주

일본공사관 앞에서 벌어진 조선군과
일본군의 전투장면을 그린 다색판화
1882 | 국립민속박물관

1895
고종 32
을미사변
일본공사 미우라 고로가 주동이 되어
명성황후를 시해한 사건
8월 20일 새벽 일본군과 낭인들은
돈의문 근처에서 친일파인 우범선이 지휘하는
훈련대와 합류하여 돈의문을 지나
경복궁을 기습해 명성황후 시해

1898
고종 35
전차선로 기공식
9월 15일 경희궁
흥화문 앞에서 기공식 거행
전차선로 부설공사 착수

1899
고종 36
돈의문 ~ 흥인지문 간 전차 운행

1915
경성시구개수사업
경희궁 흥화문~돈의문 간 도로폭 확장으로
흥화문이 동향에서 남향으로 변경되고
경희궁 남쪽 영역 일부 잘려나감

돈의문의 관리

돈의문은 도성의 사대문으로서 철저한 규칙에 따라 운영되었다. 밤 10시경 인정人定 때 종루의 종이 28번 울리면 문을 닫았고, 반대로 새벽 4시경 파루罷漏 때 종이 33번 울리면 문이 열리면서 한양의 하루가 시작되었다. 인정이 되기 전에 성문을 닫거나 파루가 되기 전에 성문을 열 때는 부험符驗을 사용하였다.

돈의문 안과 밖의 치안은 호군護軍과 보병步兵이 경계 근무를 서면서 살폈다. 18세기에는 훈련도감·금위영·어영청 중심의 도성 방어 체제가 구축되면서, 돈의문~광희문 구역은 금위영이, 돈의문 북변~숙정문 구역은 훈련도감의 관리하에 들어가게 되었다.

도성삼군문분계지도
都城三軍門分界之圖

1751 | 한국학중앙연구원 장서각

도성 수비를 위해 영조가 반포한 『수성윤음守城綸音』에 첨부된 지도로,
훈련도감·금위영·어영청의 경비 구역이 표시되어 있다.
한양도성의 성문과 성벽 수리 역시 담당구역에 따라 분담하였다.

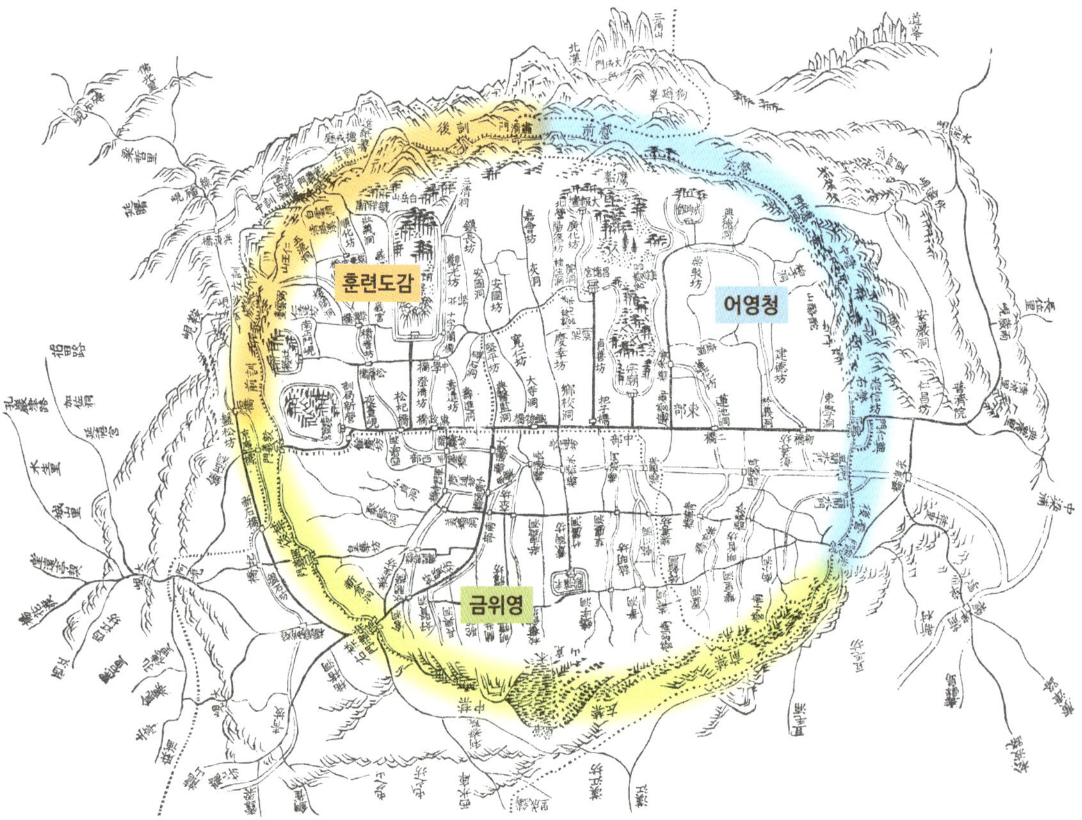

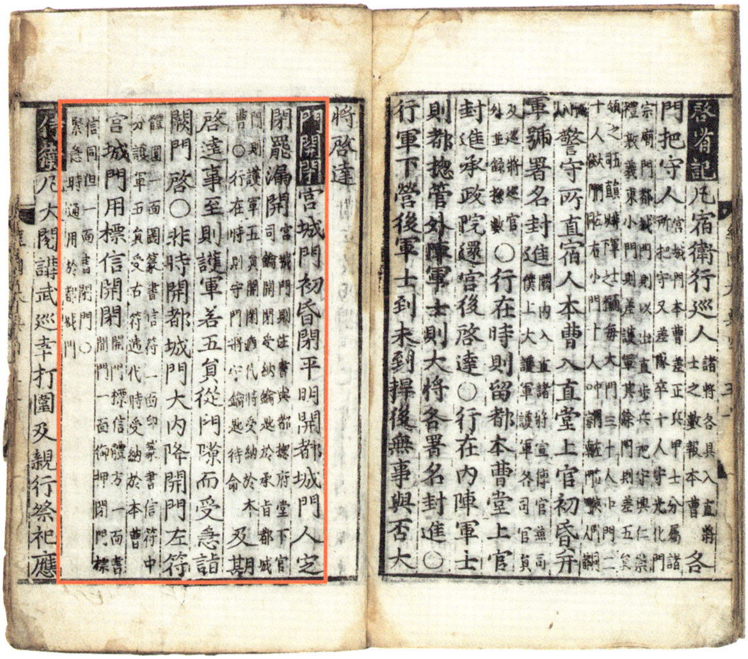

경국대전
經國大典

조선 | 32.7×21.8

조선시대 기본 법전으로,
병전兵典에서는 도성문의 관리,
운영 등을 규정하고 있다.

도성문은 인정人定에 닫고 파루罷漏에 연다.
【노성문은 호군護軍과 오원五員이 열고 닫으며 교대할 때는 병조에서 열쇠를 수령하여 반납한다. 임금이 다른 곳에 행차했을 때는 수문장이 열쇠를 간수하고 있으면서 명령을 기다린다.】 **(문이 닫혔는데) 곧바로 임금께 아뢰어야 할 일이 생기면 호군이나 오원이 문틈으로 받아서 급히 궁궐문으로 나아가 계를 올린다. 개방하는 시간이 아닌데 도성문을 열려면 궁궐 대내에서 개문좌부開門左符를 내려주어야 한다. …**

『경국대전』, 병전兵典 문개폐조門開閉條

부험
符驗

조선 | 국립고궁박물관
부험주머니 19.7×9.5 **부험** 각 18.8×7.3

밤에 도성의 성문을 통과할 때 사용하던 출입허가 증표이다.
부험에는 해당하는 성문과 시간대가 적혀 있다.
'돈의敦義'와 '이임사경二壬四更'이 새겨진 이 부험은
0시 30분~2시 30분 사이에 돈의문에서 사용된 것이다.

돈의문을 닫아라

돈의문은 사대문 중 가장 많이 개폐開閉를 반복한 대문이다. 경희궁과 바로 인접해 있는 돈의문은 문을 드나드는 사람들의 소음과 궁궐 경호상의 이유로 1706년(숙종 32)부터 왕이 이곳에 임어臨御할 때마다 수시로 출입을 통제하였고, 이 조치는 1744년(영조 20)까지 지속되었다. 국왕의 임어로 인해 도성의 대문을 반복적으로 막는 것은 돈의문에서만 나타나는 현상이다.
돈의문의 폐쇄는 도성민들의 통행에 상당한 불편을 초래하였다. 사람들은 소의문[서소문]으로 들어가 좁은 성곽 위의 길을 지나다니느라 오히려 이 일대가 더욱 소란스러워졌다.

소의문망도성 소의문에서 바라본 한양
昭義門望都城

정선 | 18세기 | 37.5×61.4 | 개인소장

겸재 정선鄭敾(1676~1759)이 그린 소의문 밖에서 바라본 도성의 모습이다. 정선의 관지는 없으나 화첩 여백에 쓴 김희성의 제시에 정선의 그림이라 밝혔다. 그림은 도성으로 둘러싸인 성시로서의 한양 경관을 담았다. 중앙에 소의문을 두고 그 밖으로 가옥들과 시가市街를 그려 번성한 성 밖 모습을 볼 수 있다. 돈의문은 나무 풍경에 가려 보이지 않는다.

1
임리淋漓한 가운데 정교한 솜씨가 있고
녹색이 뒤섞인 가운데 환하고
밝은 정취가 있다.
원근遠近, 심천深淺, 향배向背,
곡절曲折이 일목요연하게 한 폭의
그림 속에 들어 있다.
중국의 옛 명화와 비교하더라도
과연 어떠할는지 모르겠다.
김윤겸이 쓰다.

* 진재眞宰 김윤겸金允謙(1711~1775)

2

소의문[서소문] 바깥으로 나가 도성을 바라봄이 이와 같다.
성城과 궁궐을 또렷하게 가리킬 수 있다.
이것은 겸옹謙翁의 진경도眞境圖 중에서
가장 으뜸으로 추천해야 한다.
표암.

* 표암豹菴 강세황姜世晃(1713~1791)

3

구름 속에 황제가 사는 도성과 대궐이 솟아 있고
빗속에 봄 나무와 수많은 인가人家가 있다.
겸재謙齋가 그렸다.

* 불염재不染齋 김희성金喜誠(?~1763년 이후)

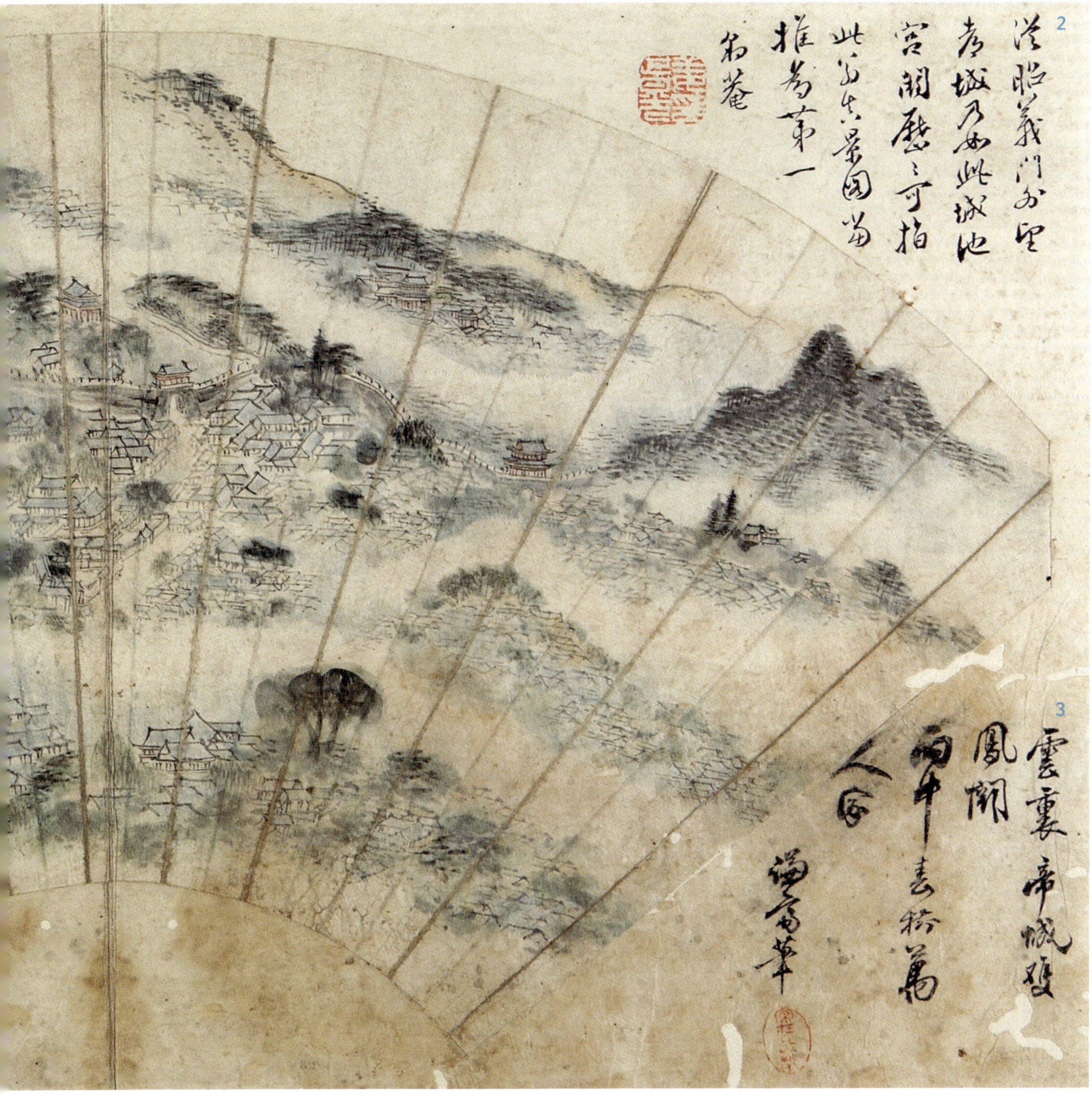

기쁨이 넘치고慶 빛나는熙 서궐, 경희궁

임진왜란 중 경복궁과 창덕궁, 창경궁이 모두 소실되었다. 선조의 뒤를 이어 즉위한 광해군은 무너진 국가의 위상을 회복하기 위해 궁궐 재건에 착수하였다. 그는 창덕궁과 창경궁을 먼저 복구하고, 인왕산 기슭에 인경궁仁慶宮과 돈의문 안 정원군 집터에 경덕궁慶德宮을 각각 새로 짓게 하였다. 그러나 그는 경덕궁에 살아 보지도 못한 채 인조반정으로 쫓겨났고, 경덕궁은 현종대까지 창덕궁의 수리 기간에 잠시 머무는 궁궐로만 남아 있었다.
숙종은 정치적으로 경덕궁 이어移御를 적극 활용하였으며, 영조는 경덕궁에서 경희궁으로 궁명을 고치고, 19년 동안이나 경희궁에 머물렀다. 경희궁에서 태어난 숙종에서부터 숭정전에서 즉위한 정조대까지 경희궁은 최전성기를 맞이하였다. 경희궁은 창덕궁과 창경궁을 합쳐 동궐東闕이라 부른 것에 대하여 서궐西闕이라고 불렸다.
고종대부터 경희궁은 많은 부침을 겪었다. 전각을 헐어 경복궁 중건의 건축 자재로 사용했고, 잠업蠶業 육성을 위해 공터에 뽕나무를 많이 심어 '뽕나무 궁궐'이라고도 불렸다. 일제강점기에는 일본인 학교인 경성중학교를 이곳에 지으면서 아예 궁의 이름조차 사라지게 되었다. 1910년 당시 경희궁에 남아 있던 건물은 숭정전, 회상전, 흥정당, 흥화문, 각 회랑, 황학정뿐이었다. 게다가 높은 곳을 깎아 낮은 곳을 메우는 등 지형도 크게 변형시키면서 경희궁은 궁궐로서의 면모를 거의 잃어버렸다.

서궐도
西闕圖

송규태 | 2015 | 130×400

서궐도안西闕圖案(고려대학교 박물관 소장, 보물 제1534호)을
기본으로 동궐도의 채색 특징을 참고하여
송규태 작가가 그린 그림이다.
동서로 길게 배치되어 있는 궁궐 전체의 모습을
효과적으로 보여주기 위하여 오른쪽으로 비껴 내려다보는
부감법俯瞰法을 사용하였다.
경희궁의 전각과 문은 약 190여 개에 이른다.

경희궁 연표

1608
광해군 즉위

1617
경덕궁 착공

1620
경덕궁 중건

1624
인조 경덕궁 임어

1625
소현세자 경현당에서 관례

1661
숙종 회상전에서 탄생

1674
숙종 즉위

1693
경덕궁 수리

1720
경종 숭정문에서 즉위

1724
영조 즉위

영조어진英祖御眞
1900 | 110×68 | 국립고궁박물관(복제)
경희궁에서 임어한 왕은
인조부터 순조까지 총 10명으로,
이 중에서 영조가 가장 오랫동안 머물렀다

1760
경덕궁에서 경희궁으로 궁호 변경

영조 36년에 경덕궁慶德宮의
이름을 장릉章陵(원종)의
시호諡號와 음音이 같다고 하여
경희궁慶熙宮이라 고쳤다.
『증보문헌비고』「제계고」14

1761
정조 경현당에서 관례

1774
정조 『경희궁지』 완성

1776
영조 집경당에서 승하
정조 숭정문에서 즉위

왕은 이르노라.
아 과인은 사도세자의 아들이다.
『홍재전서』「윤음」1

1829
경희궁 대화재

1831
경희궁 중건 완료

1834
순조 회상전에서 승하
헌종 숭정문에서 즉위

1867
경복궁 완공

서궐 내에는 숭정전, 회상전,
정심합, 사현합, 흥정당만 남기고
그 나머지는 모두 헐었다. …
좋은 것을 골라서 나인간과
각사의 건조에 사용하였다.
『경복궁영건일기』1865

1868
경희궁 토지 분배

1883
주전소 설치, 흥화문 화재

1600 — 1700 — 1800 —

경덕궁 건설 초기 | 전성기 | 중건기 | 공허지화

1910
조선총독부중학교 설립

1911
경희궁 토지와 건물 전부를 총독부에 인계

1913
경성중학교로 개칭

1915
흥화문 동향에서 남향으로 이동

『경성시구개정사업 회고 20년』 | 1930

1944
방공호 조성

1946
서울공립중학교 개교

1971
서울중학교 폐교, 서울고등학교 편성

1970년대 | 서울고등학교 전경

1974
흥화문 서울시 지방유형문화재
제19호 지정

2000
태령전 복원

2002
서울역사박물관 개관

1900

2000

경희궁지의 변용

복원 및 활용

1884
잠상공사 설치

1890년대 | 알레베크 엽서

"1392년 현 왕조의 초대 국왕을 위해서
지어진 뽕나무 궁궐이라 불리는 구궁"

1898
흥화문에서 전차 기공식

1899
회상전 북쪽 황학정 건립

1902
경희궁과 경운궁 연결하는 홍교 설치

카를로 로세티 | 1902~3 | 이탈리아지리학회

1922
황학정 이건
경희궁 부지 전매국 관사로 매각

1926
숭정전 매각
일본계 사찰 조계사로 이건

1928
흥정당 매각, 광운사로 이건
회상전 매각, 일본계 사찰 조계사로 이건

1932
흥화문 박문사로 이건

1980
서울고등학교 이전
경희궁지 사적 제271호로 지정

1988
흥화문 현재 위치 이전 복원

1994
숭정전, 숭정문 복원

2015 | 서헌강 촬영

1996
자정전, 자정문 복원

1997
경희궁지 문화재(사적)보호구역 지정

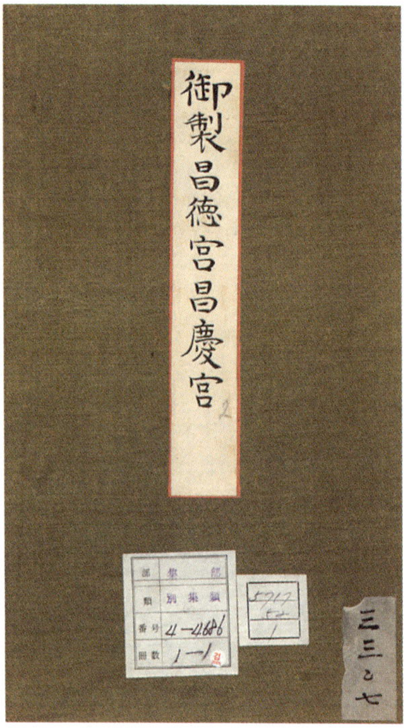

어제창덕궁창경궁

御製昌德宮昌慶宮

18세기 | 27×19.2 | 한국학중앙연구원 장서각

창덕궁은 그 서쪽에 있고, 창경궁은 그 동쪽에 있네.
한 궐 안에 두 궐이 있으니, 그것을 세운 것은 국초였네.
한양에 도읍하여 이 궐을 먼저 지었고, 경희궁은 계해년에 지었네.
경희궁에는 광명전이 있고, 창덕궁에는 창경궁이 있다네.

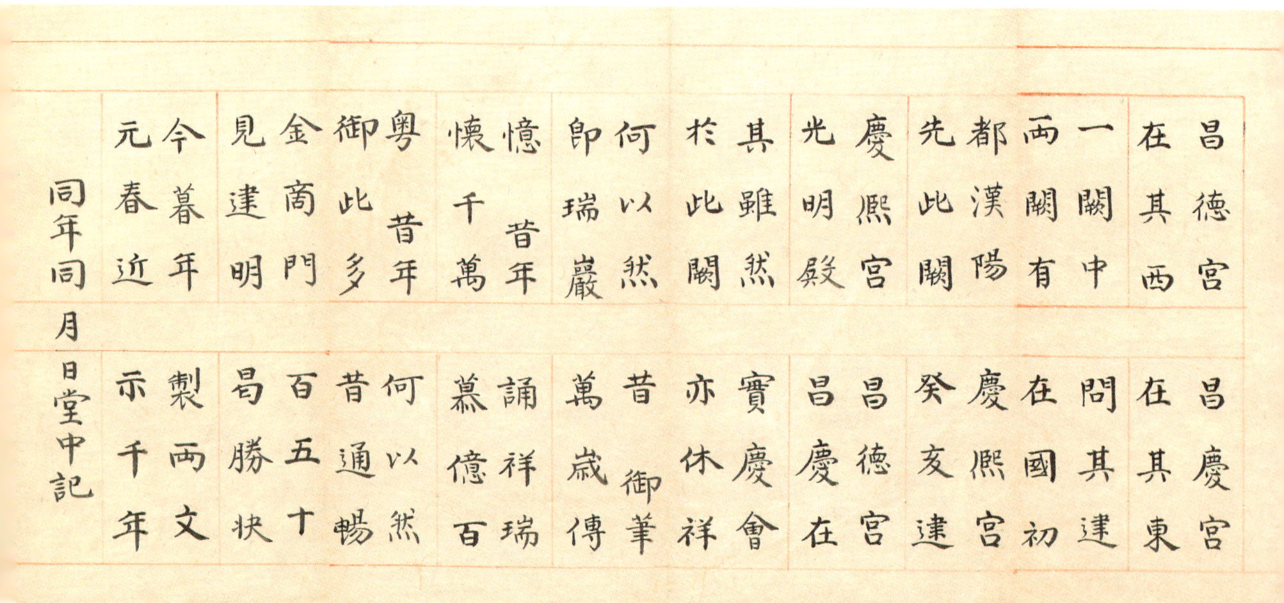

昌德宮 在其西 昌慶宮 在其東
一闕中 兩闕有 問其建 在國初
都漢陽 先此闕 慶熙宮 癸亥建
慶熙宮 光明殿 昌德宮 昌慶在
其雖然 於此闕 實慶會 亦休祥
何以然 卽瑞巖 昔御筆 萬歲傳
憶昔年 懷千萬 誦祥瑞 慕億百
粤昔年 御此多 何以然 昔通暢
金商門 見建明 百五十 昌勝狀
今暮年 元春近 製兩文 示千年
同年同月日堂中記

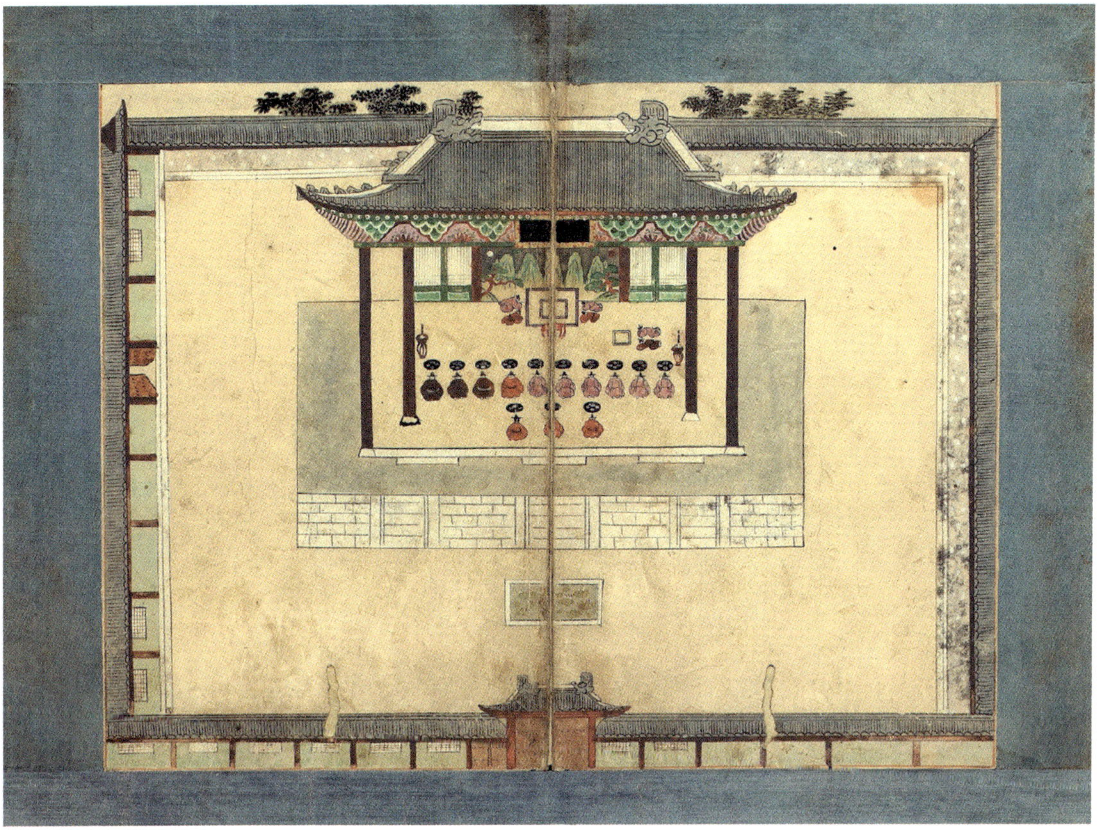

경현당어제어필화재첩
景賢堂御製御筆和載帖

1741 | 38.5×27 | 서울특별시 유형문화재 제175호

경희궁에서 가장 오래 머물렀던 영조는 경희궁과 관련된 시와 그림을 많이 남겼다.
이 화첩은 영조가 경희궁 경현당에서 왕세자를 데리고 승정원 승지와
홍문관 관원들에게 『춘추春秋』 강독을 마친 것을 치하하며 술을 내리는 모습을 기록한 것이다.
1면 그림 중앙에는 일월오봉도日月五峯圖 병풍과 욕석褥席으로 영조의 자리를 표시하였고,
동쪽에는 왕세자의 자리를 그려 두었다.
남쪽에는 13명의 관원들이 두 줄로 앉아 있는데, 각 인물 앞에 음식을 차린 흑칠원반이 놓여 있다.
2~6면에는 경연에서 왕이 『춘추』 강독을 마친 것을 치하하는 글,
7면에는 어제시御製詩, 8~10면에는 갱진한 시가 실려 있다.

경희궁의 주변 시설

경희궁이 서궐로서 본격적으로 운영되자 경희궁 주변으로 주요 관청들이 들어섰다. 정문인 흥화문 앞에는 최고 통치기관인 비변사와 군사기관인 훈국신영이, 그 북쪽으로는 제사와 시호를 담당하는 봉상시와 왕실의 재정을 관리하는 내수사가 있었다. 특히 개양문 밖(현 새문안 동네)에는 관원들이 출근 전 대궐문이 열리기를 기다리던 곳인 대루원과 천문지리기관인 관상감이 있었다. 하늘의 변화는 제왕의 정치와 관련이 있었기 때문에 밤에 일어난 일을 다음 날 아침 곧바로 왕에게 보고하기 위해서 관상감은 왕이 있는 궁궐 가까이에 있어야 했다. 개양문 밖 관상감도 숙종이 경희궁으로 거처를 옮긴 다음 해인 1702년(숙종 28)에 세워졌다. 경희궁 서쪽 돈의문 밖에는 경기감영이 마주하고 있었다.
이처럼 조선후기에는 새로운 양궐 체제가 형성되었다. 이는 조선 초 육조거리 중심의 관청 배치에서 벗어나 동궐과 서궐 주변으로 기관들이 재배치되는 데 영향을 끼쳤다.

도성대지도(부분)
都城大地圖

18세기 후반 | 237.5×240 | 서울특별시 유형문화재 제297호

현존하는 도성도 중 가장 큰 지도로 영조 연간(1724~1776)에 제작되었다.
18세기 한양의 5부 43방 328계 및 주요 지명과 관청을 상세히 담고 있다.

〈서궐도〉에 그려진 괴석 모습

식당 한정 마당에 있던 괴석

조선 | 40×40×115 | 이재일 기증

모란문이 들어간 석함 위에 배치된 괴석이다.
식당 한정의 마당에 오랫동안 놓여져 있었다.
경희궁의 흔적으로 밝혀져 서울역사박물관에 기증되었고,
현재 아지오전시실에 전시 중이다.

돈의문 밖 풍경

돈의문을 나서 만초천 위에 놓인 경교京橋를 건너면 바로 경기 일대의 행정과 군무를 통할하는 경기감영이 있었다. 감영과 경기 각 군현, 진鎭 사이를 왕래하며 공문서를 전달하는 파발꾼을 비롯하여 군수물자를 납품하는 상인과 순찰하는 군병들로 인해 감영 앞길은 늘 붐볐다. 상하기 쉬워 매일 도성 안으로 반입해야 하는 채소, 과일, 육류, 어물 등의 식료품과 땔감 등 필수품도 이 길을 지났다.

경기감영 서쪽 담장 바깥은 의주로이다. 개성, 평양을 거쳐 의주로 이어지는 이 길은 조선시대 가장 중요한 군사도로이자 외교도로이며 경제도로였다. 중국으로 가는 사행使行과 중국에서 오는 칙사勅使 행렬이 매년 몇 차례씩 이 길을 지났으며, 때로는 왕이 직접 모화관까지 행차하여 칙사를 맞이하였다. 왕이 행차할 때에는 만조백관滿朝百官이 뒤따랐으니, 이는 장안 최대의 구경거리였다. 사행을 수행하며 무역활동을 하는 한양의 경상京商, 개성의 송상松商, 평양의 유상柳商, 의주의 만상灣商들도 의주로로 무역품을 실어 날랐다.

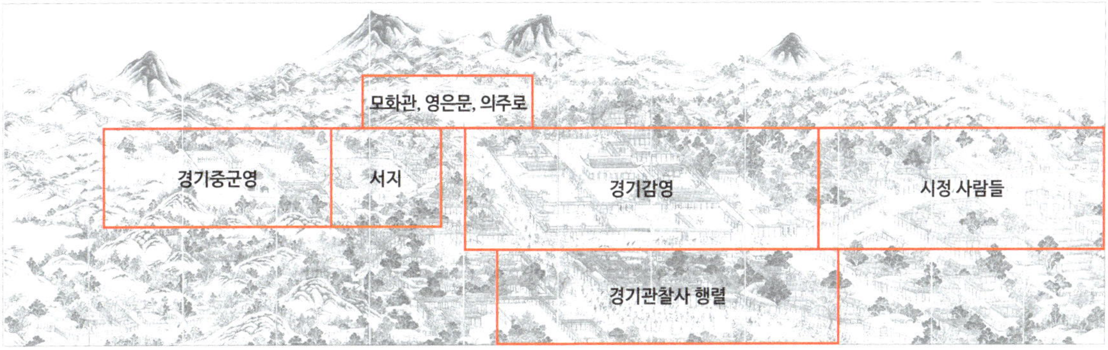

경기감영도 12폭 병풍
京畿監營圖 十二幅 屛風

19세기 | 135.8×442.2 | 삼성미술관 LEEUM | 보물 제1394호

돈의문 밖 경기감영과 그 주변의 경관과 지형, 시설물들의 위치를 알려주는 기록화이자 일종의 회화식 지도이다. 또한 감영 주변의 수많은 민가, 상점, 인물들의 생활상을 자세히 묘사해 놓아 성시풍속도의 성격도 가진다. 천연정天然亭이 지어진 1741년(영조 17)에서 영은문迎恩門이 헐린 1895년(고종 32) 사이에 그려진 것으로 추정된다.

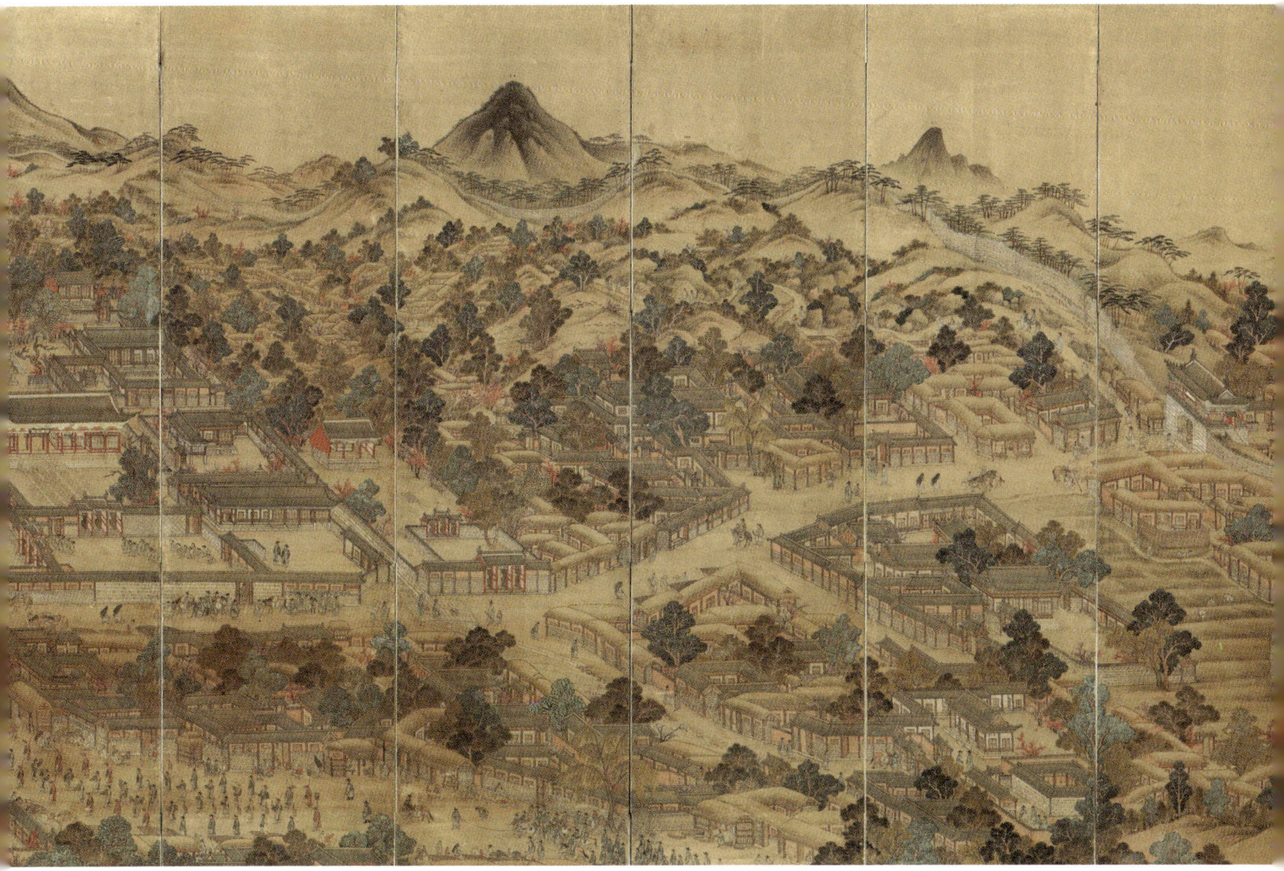

경기감영

경기감영은 경기관찰사가 있던 조선시대 지방행정기구 중 하나이다. 처음에는 수원에 두었는데 광주로 옮겨졌다가 돈의문 밖 한성부 반송방에 설치되었다. 도성 방위의 중심인 경기감영을 의주로에 위치시키고 도성 가까운 곳에 둔 이유는 북방 방비와 도성 수비를 위한 것으로 추정된다.

<경기감영도>는 전체 12폭 병풍으로, 중심부에 경기감영 건물이 비중있게 묘사되었고, 각 건물 명칭과 규모는 물론 그 배치까지 상세하게 표현되었다. 경기감영은 정문인 포정문布政門, 중삼문中三門, 내삼문內三門 등 삼문三門으로 구성된 진입공간과 선화당宣化堂을 중심으로 관풍각觀楓閣·내아內衙 등 관찰사의 공간, 연지蓮池 등 후원 공간, 영리청營吏廳·도사청都事廳 등 부속 관원 공간으로 구성된다.

경기감영 주변으로는 왕을 모시는 경기빈관京畿儐館과 군사시설인 경기중군영京畿中軍營, 고마청雇馬廳 등 감영과 관련된 부속 시설을 요소별로 돈의문 밖에 배치하였다.

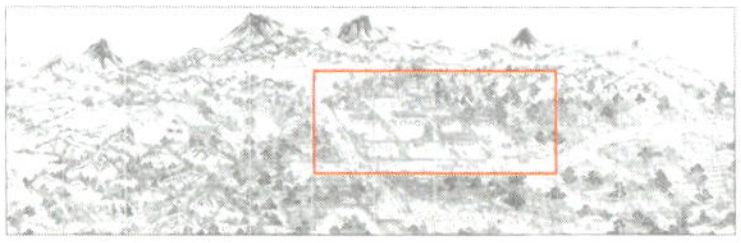

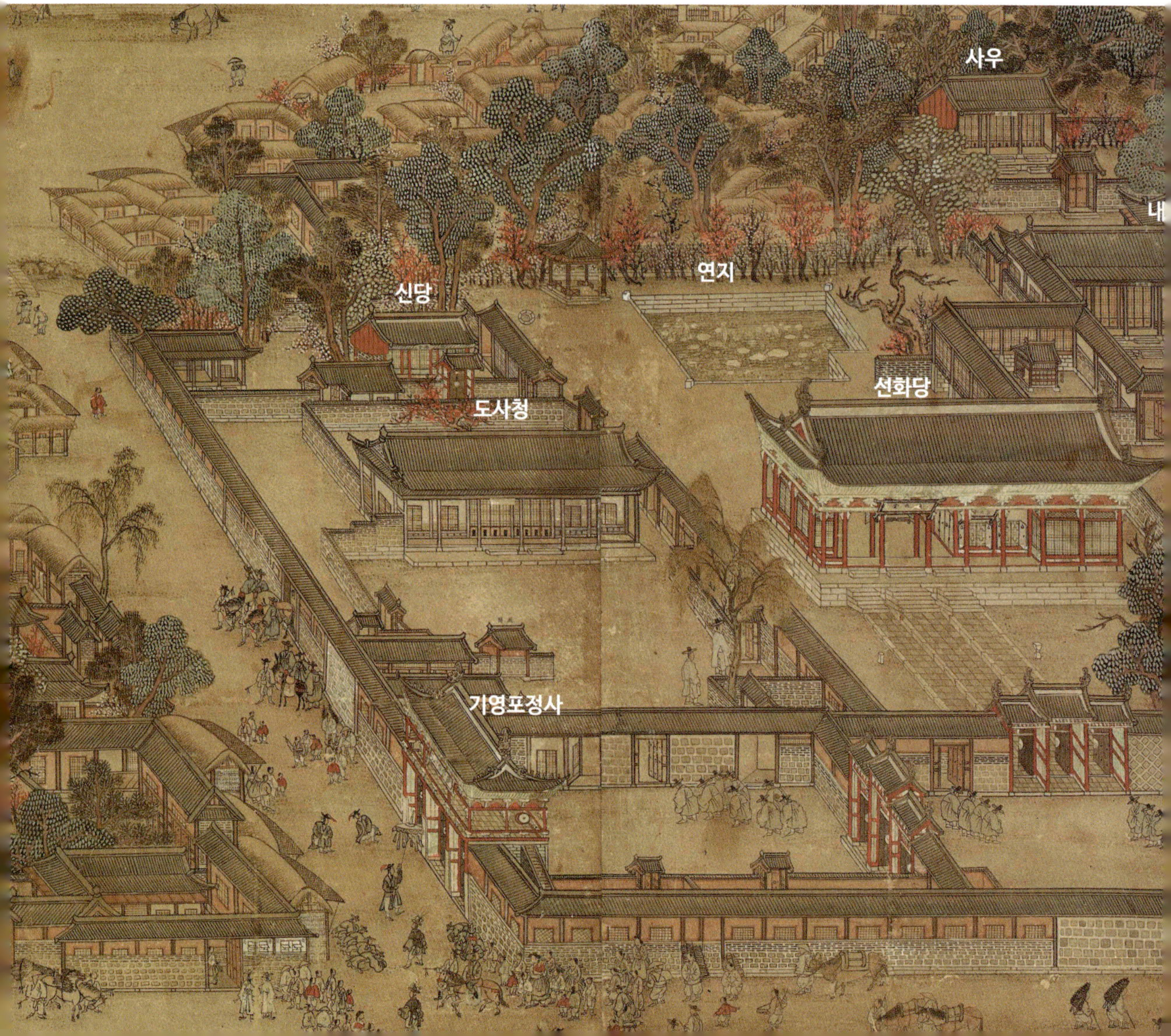

	건물명	내 용
경기감영	기영포정문畿營布政門	감영의 정문. 보통 남향이나 이 문은 의주로義州路 쪽인 서향으로 위치
	선화당宣化堂	감영의 정청政廳. 임금의 덕을 펼치고 백성을 교화함宣上德而化下民 의미
	관풍각觀楓閣	관찰사의 집무소
	내아內衙	관찰사와 가족의 생활공간. ㅁ자 형식의 폐쇄적인 가옥구조
	도사청都事廳	관찰사 보좌관인 종5품 도사의 집무소. 아감사亞監司라 하여 관찰사 유고有故 시 임무를 대행하였고, 관찰사 순력巡歷(관할 고을 시찰) 시 소관 지역을 나누어 순찰
	영리청營吏廳	행정 실무를 담당하는 영리의 집무소
	사우祠宇	관찰사 선조의 위패가 봉안된 공간
	신당神堂	제례 공간
경기빈관	객사客舍	임금의 전패를 모신 건물. 매월 첫날과 보름에 망궐례望闕禮를 행하던 공간

경기관찰사 행렬

감영의 책임자를 감사監司 또는 관찰사觀察使라고 하는데, 도성을 둘러싼 지역을 맡은 경기관찰사는 외직外職 중에서 가장 중시되었다. 관찰사는 한 도의 행정·사법·군사 등을 총괄하였으며, 관할 주현의 수령을 감독하는 권한을 가졌다. 관찰사의 관계官階는 종2품 이상을 원칙으로 하였으나 실제로는 그보다 품계가 높은 대신大臣 반열에서 임명되는 경우가 많았다.

그림을 보면 의주로를 따라서 백마를 탄 경기관찰사의 행렬이 지나간다. 대취타 선도 악대를 비롯하여 번기를 든 기수, 호위병, 아전과 종복들로 구성된 행렬은 관찰사의 위엄을 높이고 있다. 행렬의 규모만큼이나 많은 구경꾼들과 감영 안팎에 엎드려 있는 관리들의 모습으로 보아 관찰사 행렬이 상당히 비중 있는 행사였음을 짐작하게 한다. 그림 속 수많은 인물들 중 관찰사만 유일하게 이목구비를 표현한 점이 특징이다.

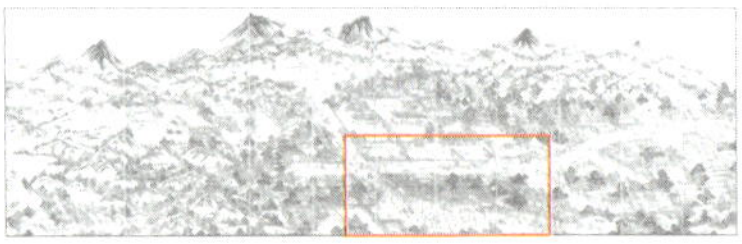

경기관찰사가 새로 임명되면 매양 경기지역에 있는 고마청에 갔다가 그 길로 대궐로 들어와 숙배하고 집에서 사무를 처리하곤 하였다.

이유원李裕元, 『임하필기林下筆記』

경기감영 터의 변화

1896년(고종 33) 지방제도와 관제 개정에 따라 전국을 13개 도道로 개정하고, 경기감영을 수원으로 이전하였다. 이후 돈의문 밖 경기감영 터는 군영軍營, 한성부, 관립보통학교, 양규여학교 등으로 이용되다가 1914년부터 고양군청 청사로 14년간 사용하였다. 잇달아 서대문우편국, 서대문경찰서, 적십자사 조선본부 병원의 간호부양성소가 들어섰다가 1937년 적십자병원이 확장 이전하면서 남아 있던 선화당 건물마저 철거되었다. 1937년 적십자병원은 지금의 서울적십자병원 자리로, 1938년 서대문경찰서도 지금의 자리로 신축 이전하였다. 일제강점기까지 국유지로 관리되던 경기감영 영역이 1930년대 말부터 개인에게 매각되면서 지적 경계가 분할되었다.

한성부 청사

옛 경기감영의 정문 문루에 '한성부' 편액이 걸려 있다. 로쎄티 사진에는 1902년 12월 2층 건물로 신축된 평양진위대 영문이 보인다.

1902 | 상트 오틸리엔 수도원

카를로 로쎄티 | 1902~3 | 이탈리아지리학회

1900년대 경기감영 터

1902년 지도에는 '한성부'가, 1908년 한성부가 이전한 이후 지도에는 그 위치에 '임시 병영[仮兵營]'이 적혀있다.

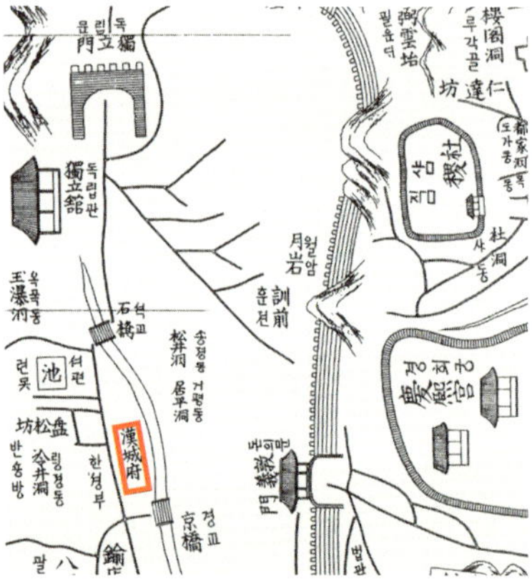

Map of Seoul(부분)
1902 | 영국 왕립아시아학회

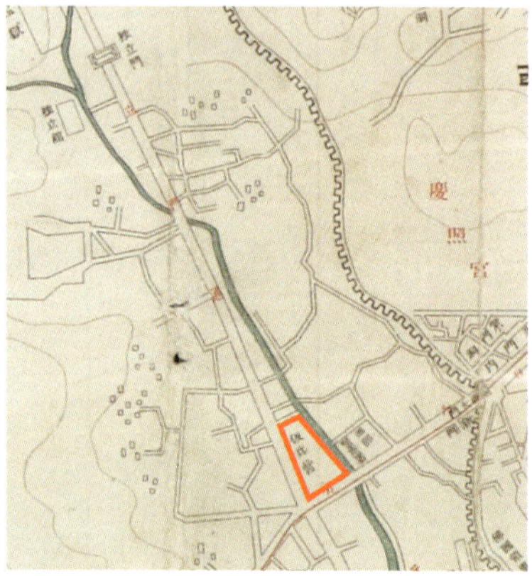

경성용산시가지도(부분)
1908 | 서울시립대학교 박물관

1450(문종1)~1460(세조6)	경기도 광주에서 돈의문 밖 반송방으로 이전
1636(인조14)	병자호란으로 경기감영 소실 옛 사천감 터에 임시 거처
1641(인조19)	경기감영 재건
1869(고종6)	경기감영 중수
1896(고종33)	경기감영 수원으로 이전
1921	서대문경찰서 신축
1923	대평동출장소 폐지 일본 적십자사 조선본부 진료소 개원
1926	일본 적십자사 조선본부 병원 개칭·증축
1928	고양군청 황금정6정목으로 이전 적십자병원 간호부양성소 이용

고양군청
『경성부사』 3권 | 1941

서대문우편국
『사진으로 보는 서울2』
서울역사편찬위원회

서대문경찰서
『京城と仁川』 | 1929

적십자병원
『京城と仁川』 | 1929

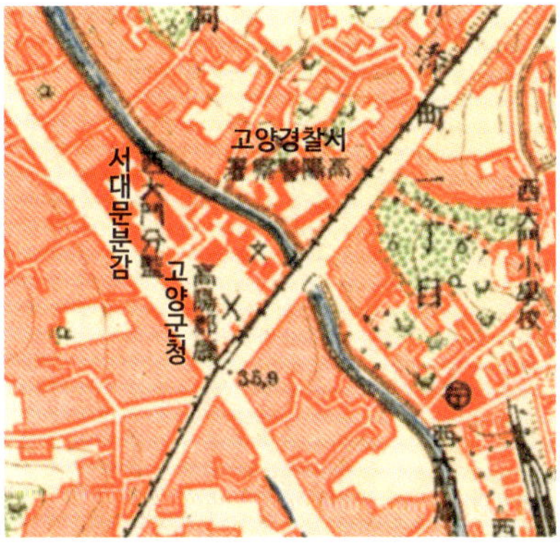

경성(부분) | 1917(1915 측량) | 나라문화재연구소

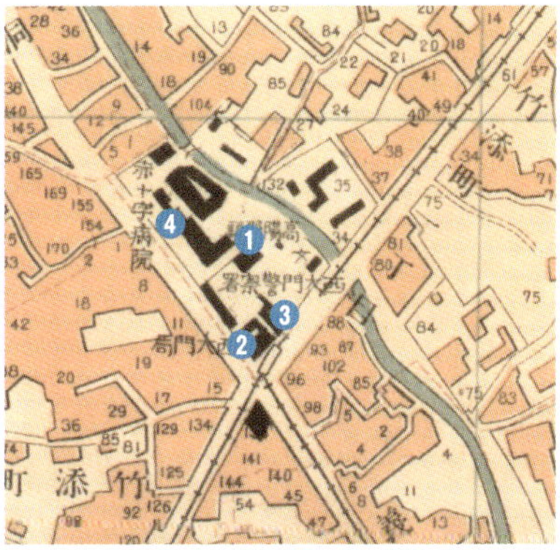

경성시가도(부분) | 1927

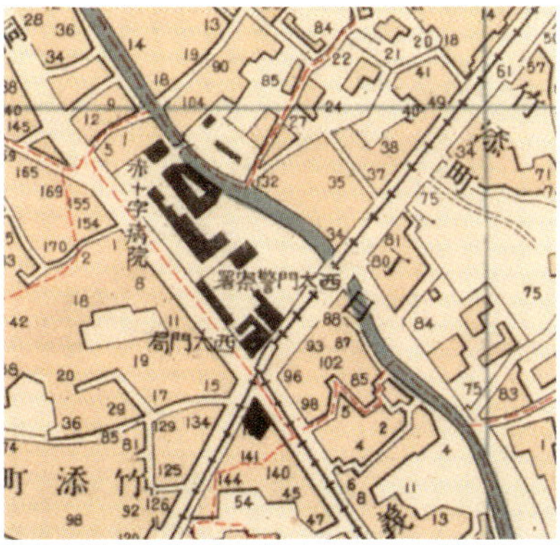

경성시가도(부분) | 1933

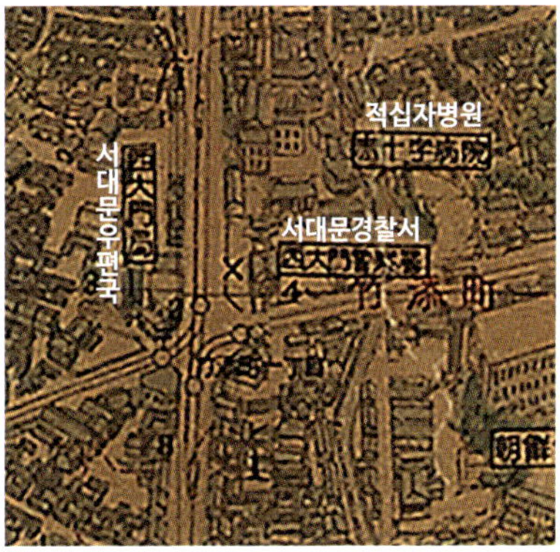

대경성부대관(부분) | 1936

1902 한성부 청사 입지 평양 진위대 영문營門 설치

1908 한성부 청사 적선방으로 이전

1909 경성감옥 서대문출장소 (1910년 이후 대평동출장소 개칭) 입지

1910 경기도청 개칭 광화문 앞 옛 의정부 자리로 이전

1914 고양군청 입지

1917(추정) 서대문우편국 입지

1934 서대문우편국 이전

1937 적십자병원 확장 이전 선화당 철거

1938 서대문경찰서 이전

1945 서울적십자병원 개칭

1967 경기도청 수원으로 이전

경기중군영과 활 쏘는 무관들

경기중군영은 17세기에 새롭게 경기감영에 편제된 기구로, 다른 도道에 비해 가장 늦은 1768년(영조 44)에 신설되었다. 원래 서지西池 옆에 있던 이해중李海重(1727~?)의 서재인 천연정天然亭을 중군영의 부속 건물로 포함시켜 조성하였다.

중군은 정3품 무관직으로 관찰사 다음으로 높은 관품이며 서상헌西爽軒에서 집무를 보았다. 군영에 속한 장교나 군졸들은 수시로 군사훈련을 받았다. 경기감영도를 보면 활터인 읍승정揖升亭에서 활을 쏘고 있는 무관들과 이들 앞으로 호위 사령들이 질서정연하게 서 있다. 담장 넘어 공터에 있는 과녁에 화살이 꽂혀 있고, 그 주변에는 북을 치거나 깃발로 신호를 알리는 군졸들의 모습이 보인다.

요즈음 각 군영에서의 활쏘기 모임은 그 이름과 실지가
서로 걸맞지 않아 점차 놀이나 하는 일처럼 되어 가고 있는데,
각 군영 장관들의 활쏘기 기능이 향상되지 못하는 것은 바로 이 때문이다.
이후로는 매월 두 차례 활쏘기를 할 경우에는
한 번은 전에 하던 대로 천으로 만든 과녁에 쏘게 하고,
한 번은 유엽전柳葉箭으로 가죽 과녁에 쏘게 하라.…
서로 번갈아 시험을 보게 하라.

『정조실록』 정조 14년(1790) 4월 16일

경기중군영 터의 변화

1876년 조선과 일본의 수호조규가 체결된 이후 1879년 일본은 경기중군영 터를 점거하고, 1882년(고종 19) 임오군란 때 불타기 전까지 청수관淸水館을 공사관으로 사용하였다. 조선 최초의 외국 공사관이 이곳에 들어선 것이다. 이때까지만 해도 외국 공사관이 도성 안으로 들어갈 수 없었다. 임오군란 이후 대부분의 건물들은 소실되었고, 천연정은 방치되어 있었다.

1922년 일본의 대표적 불교 사회사업 단체인 진종眞宗 대곡파大谷派 본원사本願寺가 조선총독부로부터 이 일대 1,300여 평의 땅을 무상으로 받아 향상회관을 설립하였다. 향상회관에서는 주로 양복 재단, 제화 기술 등의 교육을 실시하였다. 1924년 향상여자기예학교가 설립되어 여성교육기관으로 이용되다가 해방 이후 1945년 동명여자상업학교가 되었다. 현재 동명여자중학교 자리이다.

천연정과 향상회관 |『일본지리풍속대계日本地理風俗大系』| 1930

향상회관은 1922년 대곡파大谷波의 본원사本願寺가 수산授産(일자리 마련)을 목적으로
설립한 것으로 양복과洋服科 및 양화과洋靴科를 개설하여
수십 명의 조선 청년들에게 기술을 강습하였다. …

『일본지리풍속대계』

1768(영조 44)	1879	1882	1922
경기중군영 설치	일본공사관 이용	임오군란으로 소실	향상회관 건립

임오군란 당시 일본공사관을 습격하는 모습

『경성부사』 2권 | 1936

임오군란 이후 폐허가 된 일본공사관 터

퍼시벌 로웰 Percival Lawrence Lowel | 1884
Museum of Fine Arts,
Boston Photograph Library

임오군란이 일어난 지 2년이 지난 후
미국인 퍼시벌 로웰이 찍은 사진이다.
외삼문과 담장, 일부 협문을 제외하면
천연정만 남고 나머지 건물은 보이지 않는다.

1920년대 천연정과 향상회관 전경

『조선사회사업요람朝鮮社會事業要覽』 | 1923

천연정과 향상회관과 함께
연꽃잎으로 가득 찬 서지도 보인다.

1924	1936	1945	1946
향상여자기예학교 설립	향상여자실업학교 인가	동명여자상업학교로 개칭	동명여자중학교 인가

서지西池에서 연꽃 구경하는 문인들

서지는 연꽃과 더불어 유려한 경관을 가졌다. 정조도 서지의 경관을 국도팔영國都八詠 중의 하나로 꼽고 반지상련盤池賞蓮이란 시로 표현하였다. 이곳은 초여름 저녁이면 많은 시인詩人과 묵객墨客들이 모여 주변에서 시를 짓고 그림을 그리는 등 풍류를 즐기는 공간이었다. 대표적 사례로 이윤영李胤永(1714~1759)은 1739년 7월 보름 친구들과 함께 서지에서 연꽃을 감상하면서, 연꽃 안에 유리로 된 술잔을 올리고 촛불을 밝혀 놓았던 일을 기록으로 남기기도 하였다. 서지는 1929년 매립되었고, 그곳에 경성 죽첨공립보통학교가 이전해 왔다. 현재 금화초등학교 자리이다.

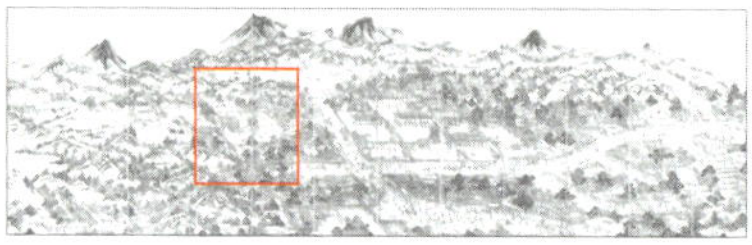

기미년 이윤지李胤之(윤영胤永)와 이건지李健之(운영運永)가 서지의 남쪽 골목에 살고 있었다.
벗 이원령李元靈(인상麟祥), 임백현任伯玄(매邁), 임중관任仲寬(과過) 등과 약속하여 밤에 서지에서 놀기로 하였다.
때는 7월 보름이다. 원령이 먼저 이르러 종이를 펴고 청서도淸暑圖를 그렸다.
반쯤 그렸을 때 백현이 와서 그 위에 절구絶句를 썼다. 윤지가 다시 화병의 연꽃을 주제로 글을 지었다.
시가 완성되고 술을 몇 잔 마셨다. 중관이 또 와서 소매에서 비단 몇 폭을 꺼내어 그림을 그려 내었다.
백현, 원령이 각기 윤지의 시에 차운次韻하여 시를 지었다. 마침내 함께 이야기를 나누었다.
저녁이 지나자 달이 오르고 별빛이 스러졌다. 사람들은 대부분 발걸음을 돌려 흩어졌다.
우리 다섯 사람은 느릿느릿 걸어 동구를 나서 서지에 함께 이르렀다. 모래언덕이 눈처럼 하얀데 나무 그림자가 하늘거렸다.
연꽃 만여 송이가 달빛을 받아 광채를 발하는데 이슬은 옥구슬처럼 엉기어 영롱하고 향긋하였다.
백현 형제가 끊임없이 신기하다고 소리쳤다. … 윤지는 손으로 막 피려는 연꽃을 꺾어다 연잎이 있는 물에다 띄우고,
백현을 불러 유리 술잔을 꽃 가운데 두게 하였다. 원령이 술잔 가운데 촛불을 붙였다. 불빛이 유리 술잔을 비추고,
술잔이 꽃을 비추었다. 꽃빛과 물빛이 다시 잎을 비추었다. 바깥은 푸르고 안은 은빛이며 밝고 환하였다. …
이때 달이 서쪽 창문으로 들어가 아름다운 빛을 흘리니 대낮처럼 훤하였다. 백현이 다시 위魏 정각鄭慤의
벽통음碧筩飮을 본떠 연잎에 술을 담고 줄기에 구멍에 내어 빨아 먹었다.
먹고 싶은 대로 조금씩 빨아 먹으니 향기가 입에 가득하였다.
술을 마시는 자들의 좋은 방식이라 하겠다. 마침내 서로 바라보고 즐기다가 운자를 따라 시를 지었다.

이윤영, 『단릉유고丹陵遺稿』, 「서지상하기西池賞荷記」

敦義門外何所見　돈의문 밖에는 무엇이 보이는가
舞槍春郊猿騎駛　봄날 교외에서 창춤을 추고 원기놀이 하고 있네
蟠松池水綠可染　반송지 물은 푸르러 물도 들일 수 있을 것 같고
演漾靑荷涵白芷　푸른 연꽃 물결에 흔들리고 백지도 잠겨 있네

이덕무, 「성시전도시城市全圖詩」

曲塘渟滀一泓然　굽은 못 깊게 고인 물 한결같이 맑은데
十里香生萬本蓮　만 본의 연꽃은 십 리 멀리 향기가 풍겨 나오네
拌露聯珠渾絳粉　흩어진 이슬방울은 온통 붉은 구슬이요
抽絲結蔕抵靑錢　실에 얽힌 꽃받침은 청전에 부딪치어라
偏憐兒女開萍道　몹시 귀여운 여아는 물풀의 길을 터놓건만
誰訪仙人泛葉船　그 누가 신선을 찾아 일엽편주를 띄울는지
怳似濂溪光霽夜　어슴푸레 염계가 맑은 바람 비 갠 달밤에
靜硏無極欲成編　조용히 무극 연구해 책을 이루려는 듯하구나

정조, 『홍재전서弘齋全書』 「반지상련盤池賞蓮」

모화관, 영은문 그리고 의주로

모화관과 영은문이 서부 반송방에 위치한 이유는 서로西路라고도 불리는 의주로가 지나가기 때문이다. 의주로는 사신이 한양에서 의주를 거쳐 중국에 가거나 되돌아오는 연행로燕行路 혹은 사행로使行路로, 조선시대 내내 정치·군사·외교상 가장 중요한 도로였다. 신경준의 『도로고道路考』, 김정호의 『대동지지大東地志』 등에서도 의주로를 제1대로라 불렀다.

모화관은 중국의 조서詔書나 칙서勅書를 맞이하고 사신을 영접하던 곳이다. 국왕은 이곳에서 그들을 영접하였고 떠날 때에도 이곳에서 전별하였다. 연향대는 모화관 앞 넓은 공간으로, 사신을 영접하고 전송할 때 이곳에 어막御幕을 설치하였다. 모화관과 그 주변은 사신 접견 용도 외에도 평상시 활쏘기나 열무閱武 등 군사훈련장이나 무과시험장이 되기도 하였고, 연희 및 기우제 등 의례 공간으로도 적극 활용되었다.

금빛 잔디 깎은 듯한 모화관
연조문 길은 숫돌보다 평평하네

이덕무, 『성시전도시城市全圖詩』

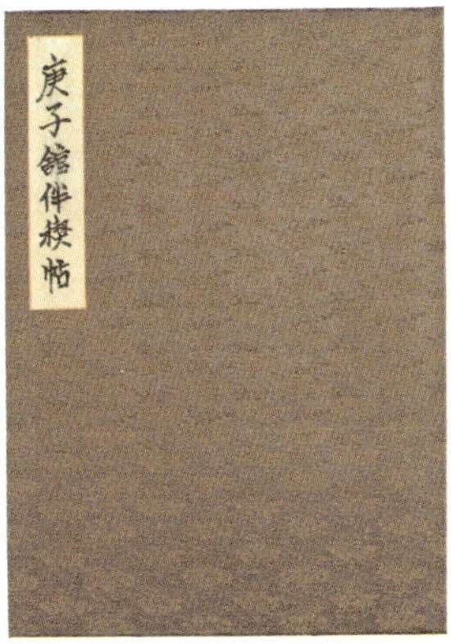

경자관반계첩
庚子館伴契帖
1600 | 31.4×48.8

1598년(선조 31) 명明은 명군을 지휘하고 정유재란을 수습하기 위해 경리經理라는 직책의 관리인 만세덕萬世德(1547~1602)을 2년간 조선에 파견하였다. 이 계첩은 당시 경리 일행을 영접하기 위해 조직된 경리도감의 관원들이 임무를 수행한 후 이를 기념하기 위해 만든 계첩이다. 경리 일행이 도착하기 전 영접 준비에 만전을 기하고 있는 관원들의 모습이 그려져 있다.
그림 아래쪽에는 초석 위에 세워진 홍살문이 있는데, 당시의 영은문으로 추정된다. 영은문은 임진왜란 때 소실되어 1606년(선조 39) 재건되기 전까지 임시로 홍살문을 만들어 사용하였다. 이 그림은 조선중기의 기록화이자 실경산수화라는 점에서 그 가치를 높이 평가할 수 있다.

모화관, 영은문의 변화

영은문
카를로 로쎄티Carlo Rossetti | 1902~1903 | 이탈리아지리학회

중종 34년의 일이다. …
중국 사신 설정총薛廷寵이 말하기를
"맞이하는 것에는 조서도 있고, 칙서도 있고,
상賞도 있는데 연조문이라고만 하면
한쪽으로 치우친 듯하다." 하고 영은문이라 써서
그것을 걸도록 하였다. 설정총이 써 준 현판은
언제 훼손되었는지 알 수 없고, 지금은
주지번朱之蕃이 써 준 글자로 현판을 내걸고 있다.

이유원 『임하필기林下筆記』, 「문헌지장편文獻指掌編」

오늘 우리는 국왕이 서대문 밖 옛터에 독립문이라고 명명할
문을 건립할 것을 결정한 사실을 경축하는 바이다. …
이 문은 다만 중국으로부터의 독립을 의미하는 것이 아니라
일본으로부터, 러시아로부터,
그리고 모든 구주열강으로부터의 독립을 의미하는 것이다.

《독립신문(영문판)》 1896.6.20. 「Editorial」 중

주초만 남은 영은문과 신축된 독립문

1407(태종 7)	1430(세종12)	1537(중종 32)	1539(중종 34)	1606(선조 39)	1895	1896
모화루慕華樓 건립	모화루 개수하여 모화관으로 명칭 변경	홍살문에서 대문 형태로 영조문 건립	영은문으로 명칭 변경	임진왜란으로 소실된 모화관, 영은문 중수	영은문 철거	독립협회 독립관 공 (모화관 개수) 독립문 정초식

일진회 사무실로 사용된 독립관과 강연장인 국민연설대
상트 오틸리엔 수도원

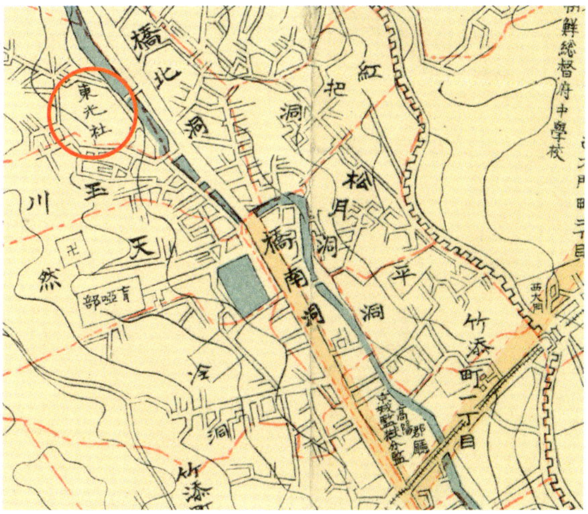

동광사
경성부명세신지도(부분) | 1914

독립관 위치에 동광사東光社가 표시되어 있다. 친일파 송병준宋秉畯(1857~1925)은 1914년부터 독립관 건물 안에 담배제조회사인 동광사를 차려 1917년까지 운영하였다. 1920년대에도 그 계통인 조선농업회사가 독립관 건물을 소유하였다.

1897	1905	1909	1910	1914	1979
독립문 준공	옛 독립관에 일진회 상주 국민연설대 신축	옛 독립관에 일본인 거류민단립 중학교 개교	일본인 거류민단립 중학교 폐지, 통감부중학교 경희궁터로 이전	동광사東光社가 독립관 건물 소유	성산고가도로 건설로 독립문 이전 복원 공사

시정市井 사람들

돈의문에서 의주로에 이르는 길가에는 싸전[미전米廛]과 신발과 땔감 등을 파는 가가假家들이 늘어서 있었다. 특히 감영 앞 네거리에는 만병회춘萬病回春, 신설약국新說藥局이란 상호를 흰 벽에 써 놓은 약방 두 곳이 확인된다. 조선후기 민간의료가 확산되면서 서울에 수많은 의원과 사설 약국이 들어서게 되었다.

1791년 신해통공辛亥通共으로 시전상인의 금난전권禁亂廛權이 폐지되자 도성 안팎에서 영세 상인들의 활동이 활발해졌다. 이들은 도로를 침범하여 기둥을 세우고 지붕을 덮은 가건물을 만들어 상업시설로 이용하였는데, 이를 가가라고 불렀다. 가게는 이 말에서 변한 것이다. 사람의 출입이 빈번한 도성문 주변에는 모두 가가들이 들어서 있었다. 가가 주변은 물건을 팔러 오는 근교 농민들과 여기에서 물건을 매입해 도성 안에서 팔려는 행상들로 늘 붐볐다. 조선후기 상업 경제와 의약업 발달의 면모를 그림을 통해 그대로 보여준다.

약방들은 모두 갈대로 발을 만들어
문 앞에 늘어뜨리고 신농유업神農遺業,
만병회춘萬病回春 등 상호를 내걸고 장사하였으며,
이들 약을 파는 사람들은 봉사奉事라 한다.

유득공, 『경도잡지京都雜志』

신설약국
만병회춘

돈의문

반송방盤松坊 사람들

돈의문 밖 일대는 행정구역상으로 한성부 서부 반송방에 해당하였다. 반송방은 성저십리城底十里에 속하는 다른 지역과는 달리 일찍부터 민가民家가 조밀하였고, 사람들의 왕래가 분주하였다. 1789년(정조 13)에 조사된 『호구총수戶口總數』에 의하면 한양의 인구를 189,153명으로 집계하였는데, 서부 용산방, 반석방 다음으로 반송방의 인구수가 많았다. 한성부 전체 1/3 이상의 인구가 서부에 밀집해 있었던 것이다.

반송방은 주거에 좋은 여건을 지니고 있었다. 도성과 가까워 왕래가 편리하였고, 의주나 마포로 가는 길목에 위치한 교통의 요지였다. 월암月巖이라 불리는 바위 주변은 지대가 높아서 반송정과 서지 등 돈의문 밖에 있는 한양의 명소들을 한눈에 내려다볼 수 있을 정도로 조망이 좋았다. 또한 도성의 규제에서도 벗어날 수 있었기 때문에 한결 여유롭게 주거공간을 조성하였다. 이로 인해 반송방 일대에는 당대 명사名士들 외에도 다양한 사람들이 많이 거주하였다.

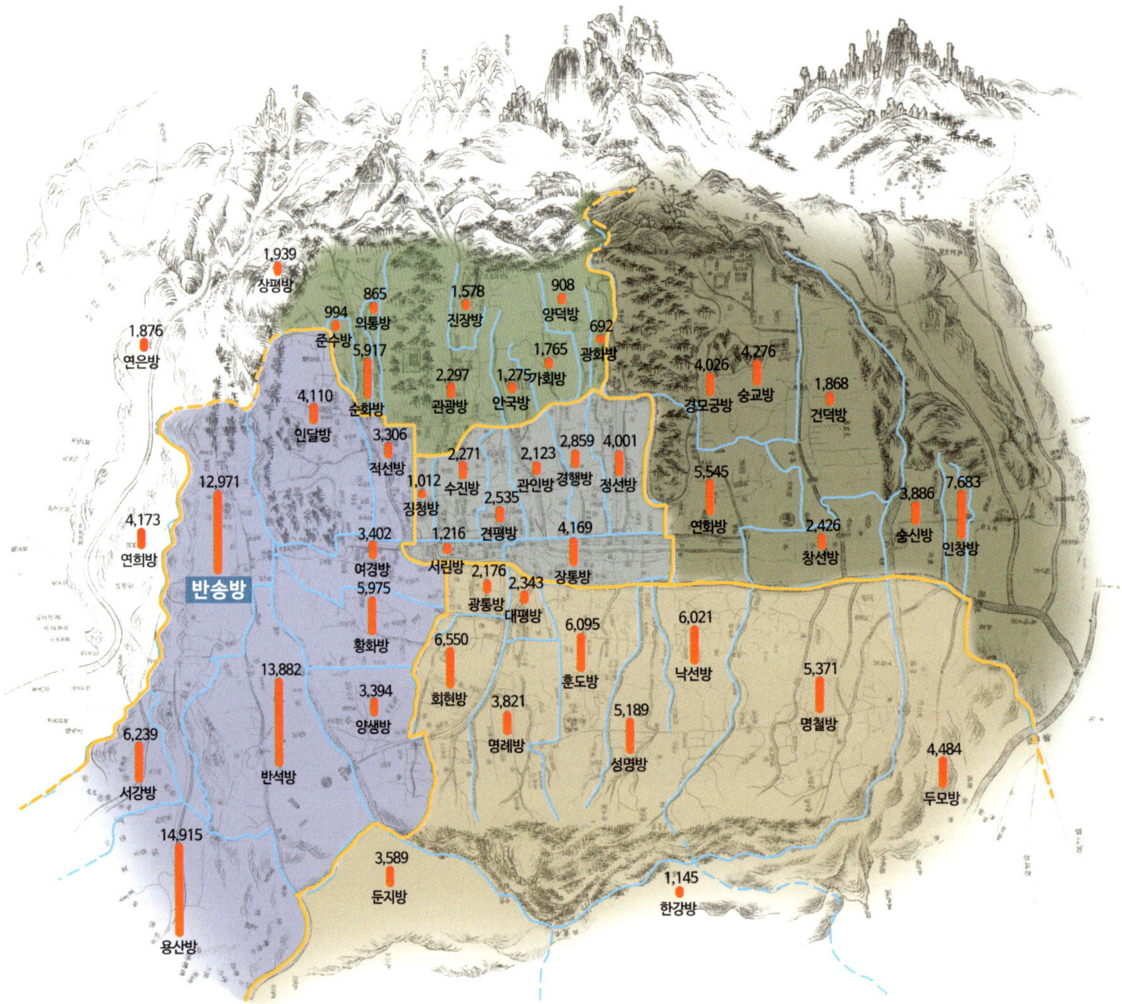

한양의 부와 방의 인구수

백자 묵서명 접시편
白磁 墨書銘 楪匙片

조선 | 지름×높이 8.2×5, 11.2×4.6, 10.8×2.8, 12.8×3, 15×3.5

경기감영 북쪽 주변 민가民家 구역에서 출토된 접시편이다.
백자의 바닥 굽 안쪽에 사용자의 이름으로 추정되는 글자나 기호 등이 먹으로 적혀 있다.

한성부 홍계현 준호구
漢城府 洪啓鉉 準戶口

1744 | 56.4×54.2

반송방 지하계池下契에 사는 40세 홍계현洪啓鉉(1705~?)에게 발급한 준호구이다. 지하池下는 서지의 남쪽을 의미한다. 이때 홍계현은 정6품 공조좌랑工曹佐郎이었고, 이후 종4품 한성부서윤漢城府庶尹을 지냈다. 그의 아들 홍문해洪文海(1732~?) 역시 반송방에서 계속 살았다. 홍문해는 대사간, 병조참의, 승지 등을 지냈다. 이 유물은 1732년(28세)~1747년(43세) 홍계현 준호구 5점과 1750년(19세)~1780년(49세) 홍문해 준호구 10점 총 15점이 점련粘連되어 있다.

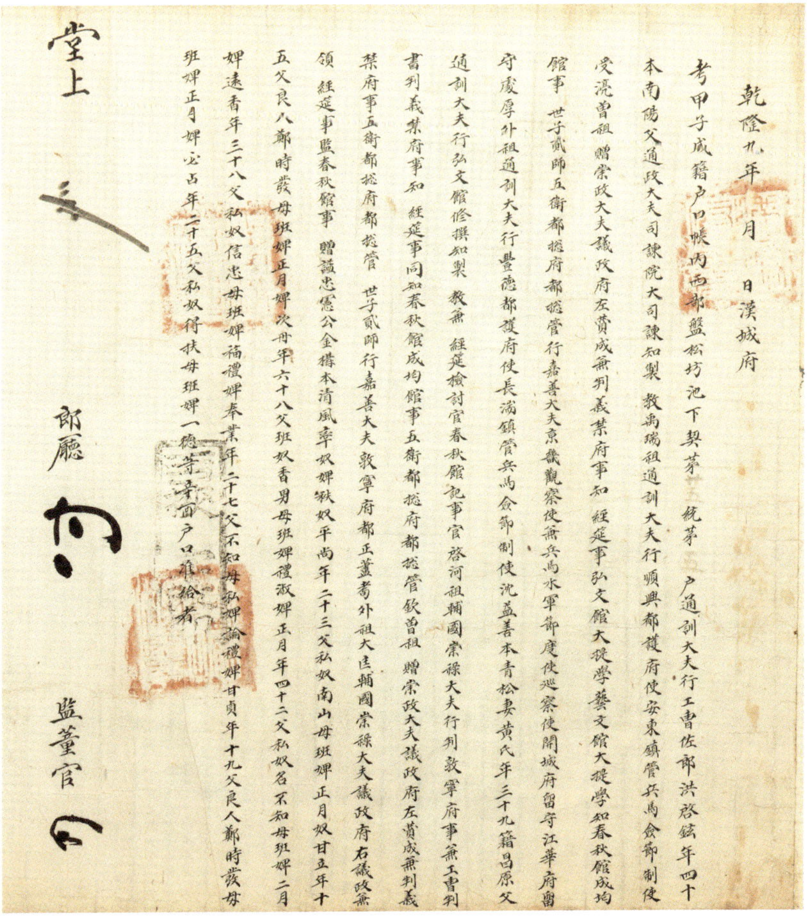
乾隆九年 月 日漢城府
考甲子成籍戶口帳內西部盤松坊池下契第 統第 戶通訓大夫行工曹佐郎洪啓鉉年四十
本南陽父通政大夫司諫院大司諫知製 教禹瑞祖通訓大夫行順興都護府使安東鎭管兵馬僉節制使
受瀗曾祖贈崇政大夫議政府左贊成兼判義禁府事知 經筵事弘文館大提學藝文館大提學知春秋館成均
館事 世子貳師五衛都摠府都摠管行嘉善大夫京畿觀察使兼兵馬水軍節度使巡察使開城府留守江華府留
守處厚外祖通訓大夫行豊德都護府使長湍鎭管兵馬僉節制使沈益善本青松妻黃氏年三十九籍昌原父
通訓大夫行弘文館修撰知製 教兼 經筵檢討官春秋館記事官啓河祖輔國崇祿大夫行判敦寧府事兼工曹判
書判義禁府事知 經筵事同知春秋館成均館事五衛都摠府都摠管欽曾祖 贈崇政大夫議政府左贊成兼判義
禁府事五衛都摠府都摠管 世子貳師行嘉善大夫敦寧府都正蓋壽外祖大匡輔國崇祿大夫議政府右議政兼
領 經筵事監春秋館事 贈諡忠憲公金搆本清風率奴婢湫奴平尚年二十三父私奴南山母班婢正月奴甘立年十
五父良人鄭時發母班婢正月婢次丹年六十八父班奴香男母班婢禮淑婢正月年四十二父私奴名不知母班婢二月
婢遠香年三十八父私奴信忠母班婢福禮婢奉業年二十七父不知母私婢論禮婢甘貞年十九父良人鄭時發母
班婢正月婢必占年二十五父私奴得扶母班婢一德等并印戶口准給者
堂上
郎廳
監董官

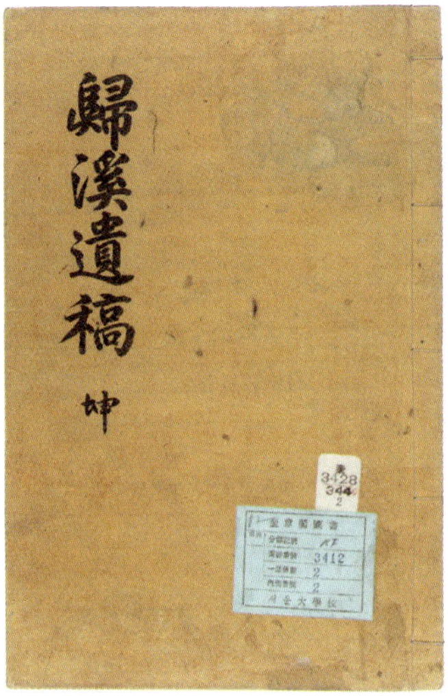

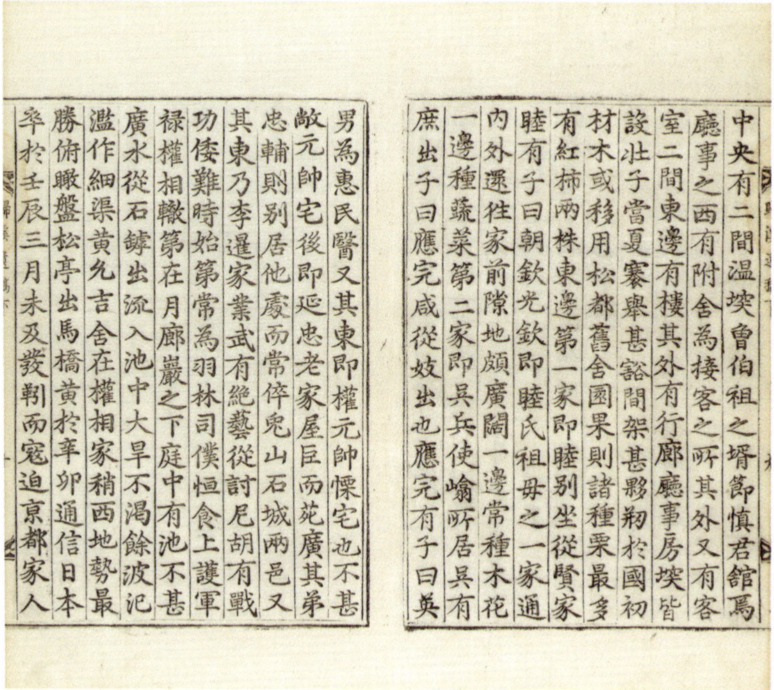
中央有二間温堗曾伯祖之壻節愼君館焉
廳事之西有附舍爲接客之所其外又有客
室二間東邊有樓其外有行廊廳事房堗皆
設壯子當夏褰擧甚豁間架甚夥初於國初
材木或移用松都舊舍國果則諸種栗最多
有紅柿兩株東邊第一家卽睦別坐從賢家
睦有子曰朝欽光欽卽睦氏祖母之一家通
內外逕往家前隙地頗廣闊一邊常種木花
一邊種蔬菜第二家卽吳兵使嶒所居吳有
庶出子曰應完咸從妓出也應完有子曰英

男爲惠民醫又其東卽權元帥慄宅也不甚
敞元帥宅後卽延忠老家屋巨而苑廣其弟
忠輔則別居他處而常倅兎山石城兩邑又
其東乃李暹家業武有絶藝從討尼胡有戰
功倭難時始第常爲羽林司僕恒食上護軍
祿權相轍第在月廊巖之下庭中有池不甚
廣水從石罅出流入池中大旱不渴餘波氾
濫作細渠黃允吉舍在權相家稍西地勢最
勝俯瞰盤松亭出馬橋黃於辛卯通信日本
卒於壬辰三月未及發靷而寇迫京都家人

『귀계유고』「반송구제기사」
『歸溪遺稿』「盤松舊第記事」

김좌명 | 17세기 말 | 33.0×21.6
서울대학교 규장각한국학연구원

반송구제기사는 김좌명金佐明(1616~1671)이 부친의 상을 치르고자 평구平丘로 물러났던 시절에 지은 글이다. 제목 그대로 반송방 옛 집에 대한 사실을 기록하였다. 반송방에 살았을 때 본인의 집뿐만 아니라 그 주변에 살았던 22명의 집에 대한 기록이다. 행주대첩을 승리로 이끈 권율權慄(1537~1599), 권율의 부친으로 영의정을 지낸 권철權轍(1503~1578), 김성일金誠一(1538~1593)과 일본에 통신사로 다녀와 전쟁에 대해 논쟁했던 황윤길黃允吉(1536~?) 등 여러 명사의 집이 소개되어 있다.

… 동쪽 언저리의 첫 번째 집은 별좌別坐 목종현睦從賢의 집이다. 목종현에게는 아들이 있는데 목조흠睦朝欽과 목광흠睦光欽이다. 바로 목씨 할머니네 일가로 내외를 통틀어 왕래한다. 집 앞에다 터를 열어 자못 광활한데, 한쪽 가에는 항상 목화를 심었고 한쪽 가에는 채소를 심었다. 두 번째 집은 바로 병사兵使 오흡吳嶒이 사는 곳이다. 오흡에게는 서출인 오응완吳應完이란 아들이 있으니 함종咸從 기생의 자식이다. 오응완에게는 오영남吳英男이란 아들이 있는데 혜민국惠民局 의원이 되었다.

또 그 동쪽은 바로 원수元帥 권율權慄의 집인데 그다지 트여 있지 않다. 원수의 집 뒤는 연충로延忠老의 집으로 가옥이 크고 정원이 넓다. 그 동생 연충보延忠輔는 다른 지역에 따로 사는데 일찍이 토산兔山과 석성石城 두 읍에서 사또를 지냈다. 또 그 동쪽은 이섬李暹의 집이다. 무예를 업으로 삼아 뛰어난 재주가 있었다. 이호尼胡(이탕개)를 토벌하는데 종군하여 전공을 세웠다. 임진왜란 때 처음 급제하여 일찍이 우림사복羽林司僕이 되었는데 항상 상호군上護軍의 녹봉을 받았다.

권철權轍 재상의 집은 월랑암月廊巖 아래에 있다. 뜰 가운데 못이 있는데 그리 넓지 않다. 물은 돌 틈에서 나와 못으로 흘러 들어가는데 크게 가물어도 마르지 않고 남는 물줄기가 넘쳐 작은 도랑을 이룬다. 황윤길黃允吉의 집은 권철 재상의 집 조금 서쪽에 있다. 지세가 가장 빼어나 반송을 굽어보고 정자는 마교馬橋에 우뚝 솟아 있다. 황윤길은 신묘년(1591) 일본에 통신사로 다녀와 임진년(1592) 3월에 죽었다. 발인이 채 끝나지 않았는데 왜적이 서울에 들이닥치자 집안 사람들이 뜰 뒤에 장사 지내고 떠나갔다. …

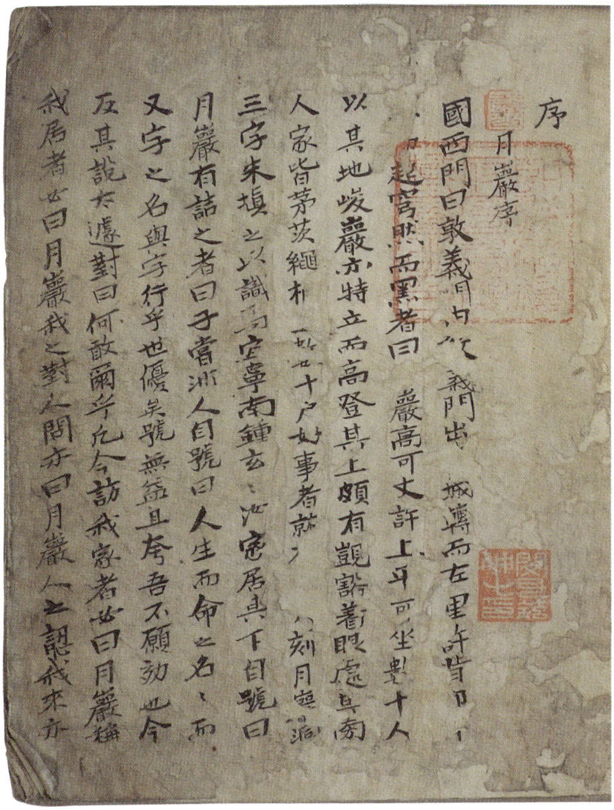

『월암』
『月巖』

남종현 | 19세기 | 23.6×21.2 | 국립중앙도서관

무명작가로 한평생을 보냈던
남종현南鍾玄(1783~1840)이 쓴 문집이다.
월암月巖 아래 살아서 호號를 월암이라 했다.
바위는 현재 종로구 송월동에 남아 있다.

월암月巖이란 호號

도성의 서문을 돈의문이라 한다.
돈의문을 통해 밖으로 나가 성곽을 따라 돌아가면
왼편으로 일 리쯤 되는 곳에 성곽을 등지고 불쑥 솟은
둥그스럼하고 검은 바위가 있는데, 그 바위를 월암이라 부른다.
바위의 높이는 한 길쯤 될까?
그 위에는 수십 명이 앉을 수 있다.
지대가 깎은 듯이 높기에 바위 또한 높다랗게 솟아 있다.
그 위에 오르면 시야가 넓게 트여 눈을 돌려 조망하기에 좋다.
그 곁에 초가지붕을 얹고 거적으로
사립문을 한 인가 수십 호가 옹기종기 모여 산다.
어떤 호사가好事家가 바위 얼굴에다 '월암동月巖洞' 석 자를
크게 새기고 붉은 주사를 채워 넣어 도드라져 보이게 하였다.
내 집이 그 바위 밑에 있어서 자연스럽게
월암이라는 호를 사용하게 되었다. …

월암동 각자刻子 바위

월암근린공원의 옹벽에 '월암동月巖洞' 세 글자가 새겨진 바위가 있다.
필체가 조선중기 이후 글씨체이고, 조선시대 문집과 고지도에 두루
언급되어 역사적 가치가 높은 것으로 평가된다.
2014년 서울특별시 문화재자료 제60호로 지정되었다.

쇠당나귀 전차가
드나들다
사라진 돈의문

개항 이후
돈의문 일대의 변화

1876년 조선과 일본의 수호조규朝日修好條規가 체결된 이후 1879년에는 돈의문 밖 경기중군영 안 청수관淸水館에 일본공사관이 설치되었다. 당시 개항장인 인천에서 도성으로 오는 길은 육로로 한강에 이른 뒤 양화진을 거쳐 돈의문으로 들어오는 길을 택하는 편이 가장 빨랐다. 1882년부터 서양 각국과 통상조약을 체결한 이후 미국과 유럽인들도 대부분 이 길을 선택하였다. 1883년 미국 공사관을 필두로 각국 공사관이 돈의문 인근 정동에 자리 잡은 것도 경운궁과의 인접성뿐만 아니라 이 같은 교통사정을 고려하였기 때문이다. 돈의문 일대는 미국, 영국, 러시아, 프랑스 등 서양 외교의 중심 지역으로 부상하였다.
1899년에는 돈의문에서 청량리까지 왕복하는 전차가 개통되고, 1901년에는 돈의문에서 마포까지 전차선이 연장되는 한편 돈의문 바깥에 경인철도 서대문정거장(경성정거장)이 설치되었다. 돈의문이 서울과 인천을 잇는 교통로의 기점이자 종점이 됨에 따라 이 주변에는 외국 공관과 교회를 비롯해 외국인들의 주거, 교육, 의료 시설들이 속속 들어섰다.
그리하여 20세기 초 돈의문에서 소의문에 이르는 성벽 안쪽 지대에는 미국인, 유럽인들이 많이 거주하게 되었다. 돈의문 주변에 거주하는 외국인들이 늘어나자 이들에게 일상 생활용품과 기호품 등을 공급하는 상점들도 생겨났다. 개항 이후 새롭게 조성된 서쪽 공간은 신문물을 조선에 소개하는 창구 구실을 하였다.

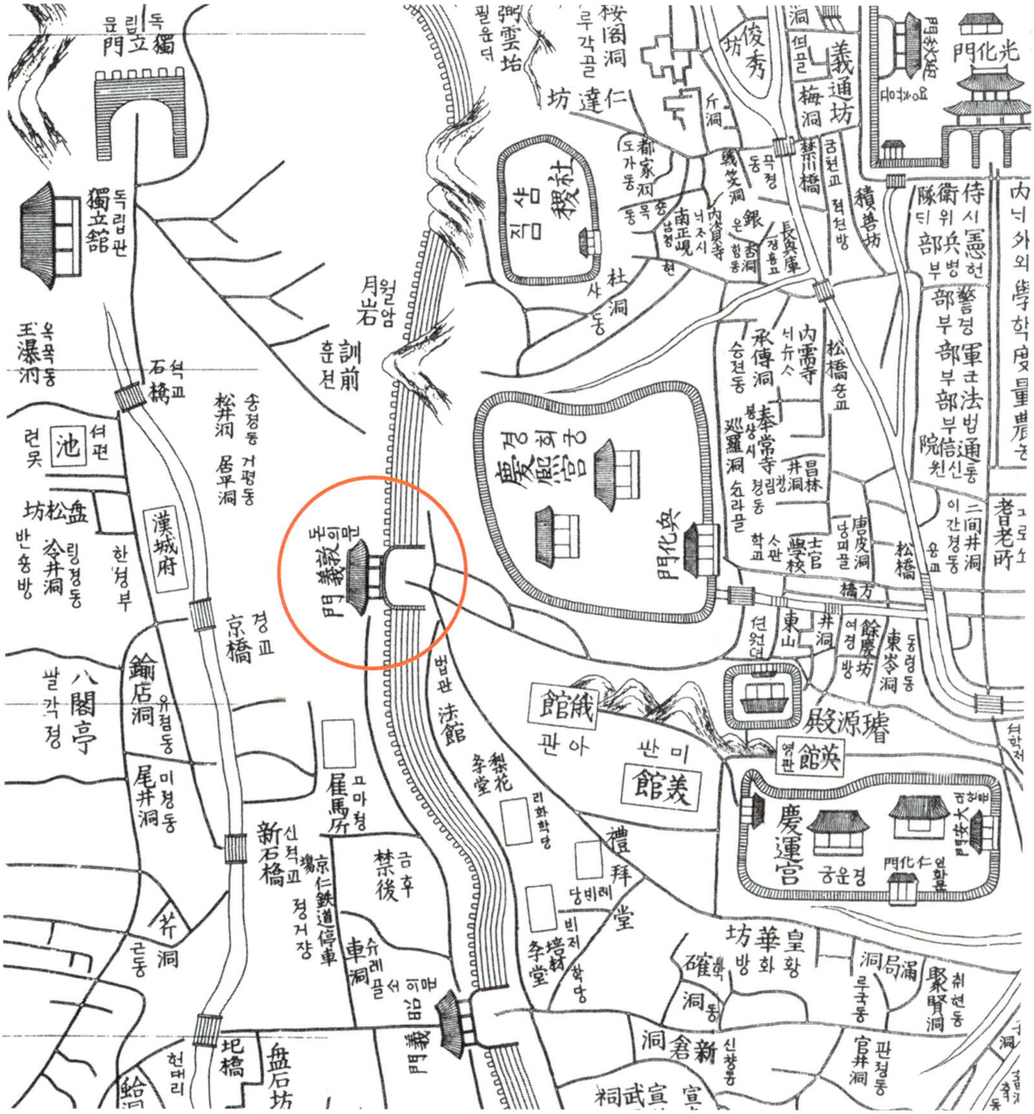

「Map of Seoul」 중 돈의문 주변 지역

1902 | 영국 왕립아시아학회

돈의문 안으로는 미국공사관美館, 영국공사관英館, 러시아공사관俄館, 프랑스공사관法館 등 외국공관이 들어서 있다. 돈의문 밖으로는 돈의문~경교로 이어지는 길이 누락되어 표현되었고, 1902년 경기감영 터에 입지한 '한성부'가 표시되어 있다. 이 지도는 캐나다 선교사 게일James S. Gale(1863~1937)이 영국 왕립아시아학회Royal Asiatic Society의 기관지인 『Transactions』에 발표한 「HAN-YANG」에서 처음 소개한 서울지도로, 지명을 한글과 한자로 적었다.

쇠당나귀 전차가 드나들다

1898년 1월, 고종은 한성전기회사를 설립하고 미국인 기업 콜브란-보스트위크 상사Collbran&Bostwick Co.에 전차 부설 공사를 맡겼다. 1898년 9월 15일 경희궁 흥화문 앞에서 기공식을 거행하고 다음 해 5월 전차 개통식을 열고 동대문까지 전차를 운행하기 시작하였다. 같은 해 8월 청량리까지 노선이 연장되었다.

전차는 처음 돈의문에서 청량리까지만 운행되었으나, 1901년에는 남대문에서 용산, 돈의문에서 마포에 이르는 노선이 추가되었다. 전차선로는 성문을 그대로 두고 부설되었기 때문에 전차는 문을 통과해야만 하였다. 이로 인해 파루와 인정에 맞춰 성문을 여닫던 제도는 폐지되었다.

전차 부설 직후에는 '전차로 인해 날이 가물다'거나 '전차가 상여를 닮아 불길하다'는 등의 흉한 소문이 돌았고 어린 아이가 전차에 치여 죽는 사고가 나자 격분한 사람들이 전차를 불태우는 사건도 일어났다. 그러나 이 문명의 이기利器는 곧 사람들의 의식과 태도 전반에 변화를 가져왔다. 전차는 인체의 속도에 맞춰 형성되었던 오래된 시공간 감각을 바꾸었으며, 남녀칠세부동석男女七歲不同席 등으로 표현되던 사회적 금기들을 해체시켰다. 승객들은 신분이 아닌 운임에 따라 상등칸과, 하등칸으로 나눠 타게 되었다.

한편 마포에서 돈의문을 통과해 서울 도심부로 이어지는 전차선로의 양변兩邊은 상업거리로 점차 발전하였다.

◯뎐거 리왕) 어젓긔 브터 뎐긔거
가 동대문과 새ᄆᆞᆫ으로 리왕 ᄒᆞᆫ다
더라

《독립신문》 1899.8.11.

버튼홈스Burton Holmes | 『The Burton Holmes Lectures』 | 1901

동아시아 철도지도(부분)
東亞細亞 鐵道地圖

1904(추정) | 46.7×60.3
한국전력공사 전기박물관

지도에는 서울 전차노선 Seoul Electric Rail Way이라 적혀 있다. 돈의문~동대문~홍릉으로 이어지는 개통 노선인 홍릉선과 종로~남대문~용산에 이르는 용산선, 서대문정거장과 남대문정거장을 잇는 의주로선 등 초기 전차노선이 표시되어 있다.

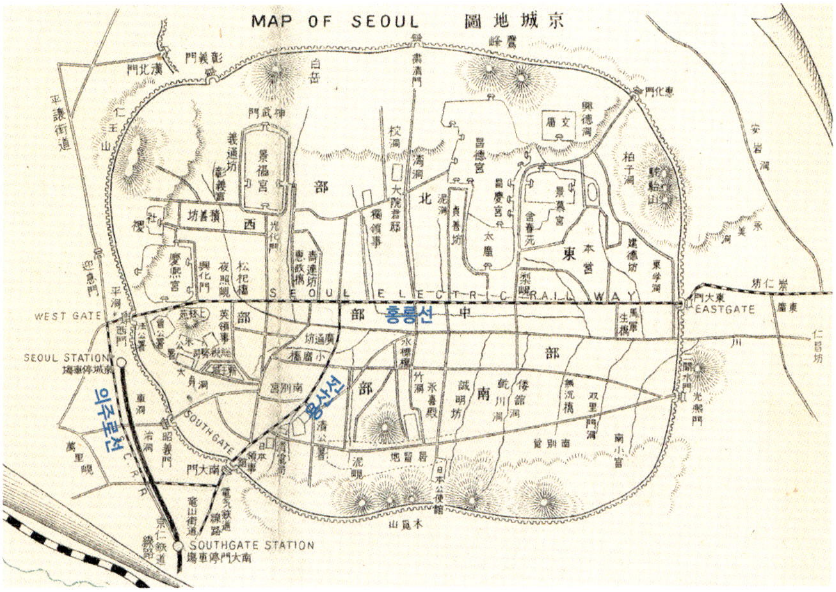

구간별 전차요금표
區間別 電車料金表

1900 | 21×19.3
한국전력공사 전기박물관

당시 전차는 동대문, 종로, 돈의문, 남대문, 돌모루 끝, 용산을 지날 때마다 5전씩 부가되었고, 상등석과 하등석은 5전씩 차이가 났다.

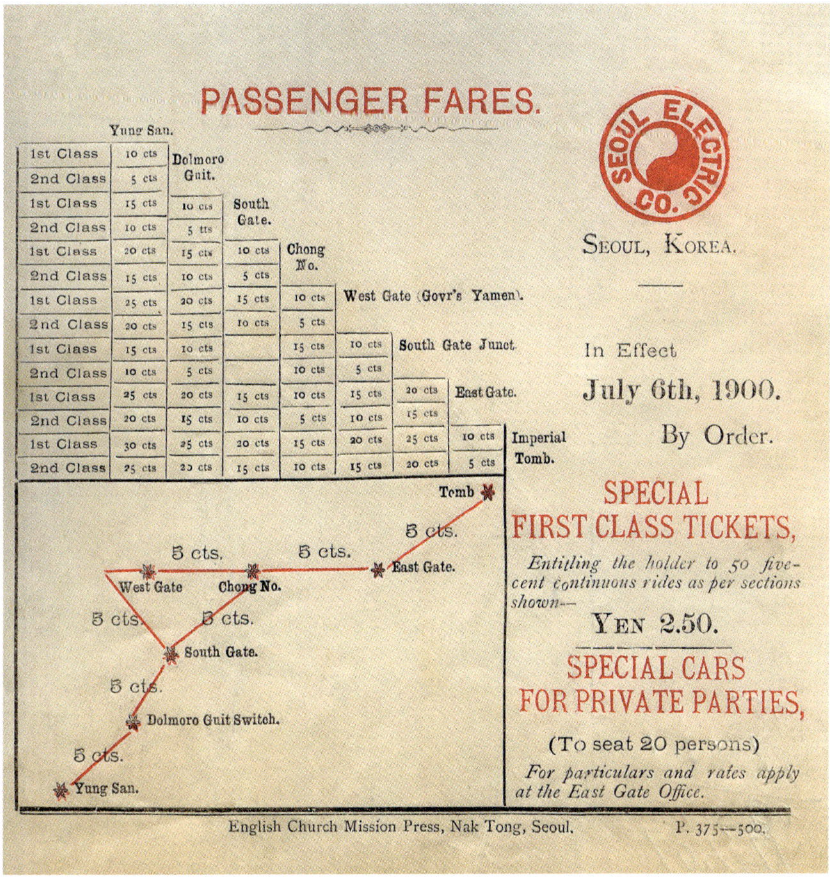

PASSENGER FARES.

To	Class	Yung San.	Dolmoro Guit.	South Gate.	Chong No.	West Gate (Govr's Yamen).	South Gate Junct.	East Gate.
Dolmoro Guit.	1st Class	10 cts						
	2nd Class	5 cts						
South Gate.	1st Class	15 cts	10 cts					
	2nd Class	10 cts	5 cts					
Chong No.	1st Class	20 cts	15 cts	10 cts				
	2nd Class	15 cts	10 cts	5 cts				
West Gate (Govr's Yamen).	1st Class	25 cts	20 cts	15 cts	10 cts			
	2nd Class	20 cts	15 cts	10 cts	5 cts			
South Gate Junct.	1st Class	15 cts	10 cts		15 cts	10 cts		
	2nd Class	10 cts	5 cts		10 cts	5 cts		
East Gate.	1st Class	25 cts	20 cts	15 cts	10 cts	15 cts	20 cts	
	2nd Class	20 cts	15 cts	10 cts	5 cts	10 cts	15 cts	
Imperial Tomb.	1st Class	30 cts	25 cts	20 cts	15 cts	20 cts	25 cts	10 cts
	2nd Class	25 cts	20 cts	15 cts	10 cts	15 cts	20 cts	5 cts

Tomb. — 5 cts. — East Gate. — 5 cts. — Chong No. — 5 cts. — West Gate — 5 cts. — South Gate. — 5 cts. — Dolmoro Guit Switch. — 5 cts. — Yung San.

SEOUL ELECTRIC CO.

SEOUL, KOREA.

In Effect
July 6th, 1900.
By Order.

SPECIAL
FIRST CLASS TICKETS,
Entitling the holder to 50 five-cent continuous rides as per sections shown—
YEN 2.50.

SPECIAL CARS
FOR PRIVATE PARTIES,
(To seat 20 persons)
For particulars and rates apply at the East Gate Office.

English Church Mission Press, Nak Tong, Seoul. P. 375—500.

전차 개통 전후 돈의문의 변화

돈의문은 전차 선로의 부설 전후로 성문 외형에 큰 변화가 있었다. 전차 선로를 부설하면서 돈의문 홍예 아래 통로 부분의 지반이 이전보다 약 1.3m 더 낮아진 것을 확인할 수 있다. 돈의문을 철거하지 않고 전차 노선과 전력선을 설치하기 위해서는 지반을 파내어 그 높이를 확보해야 하였다.

1939년에 간행된 『경성부교통량조사서』는 당시 전차 등의 궤도 차량에 대한 규격을 정하고 있는데, 전차의 경우 전차 상부의 전력선까지의 높이를 5.45m로 정하였다. 당시 돈의문의 홍예 높이는 정면을 기준으로 대략 4.7m 정도로 추정되는데, 이에 지반을 1.3m 가량 파내어 약 6m의 높이를 확보할 수 있게 되었다. 이로써 돈의문을 철거하지 않고 전차가 지나다닐 수 있게 되었다.

돈의문 아래로 근대 문물의 상징인 전차가 지나다니는 장면은 카메라를 든 외국인들의 호기심을 불러일으켰다. 전차 운행이 시작된 1899년부터 돈의문이 철거된 해인 1915년 사이에 많은 외국인들이 비슷한 구도로 많은 사진자료를 남겼다.

전차선로 설치 전 돈의문 모습 | 개인 소장

가로교통물촌표일람도
街路交通物寸表一覽圖

『경성부교통량조사서京城府交通量調査書』
1939 | 국립중앙도서관

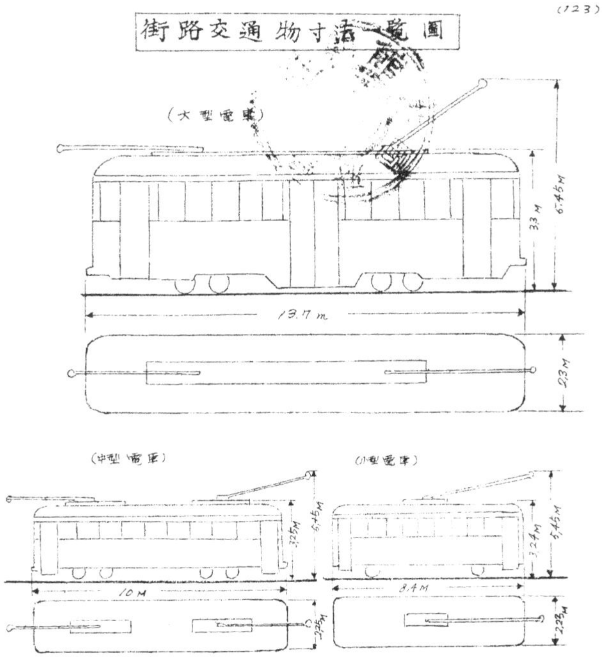

전차선로 설치 후 돈의문 모습

서양과 만나는 문

1879년 돈의문 밖 경기중군영을 일본공사관으로 삼은 하나부사 요시모토花房義質 일행과, 1882년 외교고문으로 초빙된 독일인 묄렌도르프P.G. von Mollendorff, 1883년 초대 미국공사인 푸트Lucius Harwood Foote, 1884년 조선 선교 가능성을 타진하러 온 미국인 선교사 매클레이R.S. Maclay 모두 제물포에 상륙한 뒤 도성으로 들어왔다. 이들이 택한 경로는 현재 경인고속도로가 놓인 길, 즉 제물포~양화진~돈의문이었을 것이다. 1889년 정부가 양화진을 외국인용 묘지로 지정한 것도 이 때문이었다.

1901년 경인철도가 완전히 개통되자 외국인들은 기차로 서대문정거장에 도착하여 돈의문으로 들어왔다. 이에 따라 서울과 외국이 만나는 통로로서 돈의문의 위상은 한층 높아졌다. 사람뿐 아니라 외국산 화물도 서대문정거장과 돈의문을 거쳐 성 안으로 왔다. 돈의문 주변은 외국인들이 새로 지은 서양식 건물과 판매하는 수입 물품들로 하루가 다르게 이국적인 풍모를 띠어 갔다.

한국을 소개한 외국서적
韓國紹介外國書籍

1880년대 이후 한국을 찾은 외국인들은
기행문이나 견문기를 많이 썼다.
외국인들 중에는 잘못된 선입견을 가진 이들도 있었으나
아직 세계에 덜 알려진 이 나라에 대해
호기심 어린 시선으로 바라보는 사람들이 많았다.

1 E.Burton Holmes, 『The Burton Holmes Lectures』, 1901
2 Percival Lowell, 『Chosön: The Land of the Morning Calm』, 1886
3 E.G.Kemp, 『THE FACE OF MANCHURIA KOREA AND RUSSIAN TURKESTAN』, 1911
4 William Elliot Griffis, 『COREA THE HERMIT NATION』, 1882
5 Isabella Bird Bishop, 『Korea and Her Neighbors』, 1898
6 Angus Hamilton, 『KOREA』, 1904

서울은 여러 면에서, 특히 남대문과 서대문 방향으로 너무 변하여 옛 모습을 알아볼 수가 없었다.
최소한 노폭 55피트[17미터]의 도로 양쪽에는 돌로 된 깊숙한 통로와 돌의 후판으로
다리가 놓임으로써 콜레라의 근원이 되었던 지저분한 골목을 바꾸어 놓았다.
좁은 길은 넓혀지고 진흙의 개울이 포장되었으며
도로는 더 이상 쓰레기를 자유롭게 버릴 수 있는 장소가 아니다. …
지저분하던 서울은 이제 극동에서 가장 깨끗한 도시로 바뀌어 가는 중이다.

이사벨라 버드 비숍Isabella Bird Bishop

Chodci u městské brány
도시대문 옆 보행자들

엔리케 스탄코 브라즈Enrique Stanko Vráz | 1901
체코국립박물관-나프르스텍 아시아 아프리카 아메리카 문화박물관

1901 엘리어스 버튼 홈스 (1870~1958) Elias Burton Holmes

미국인 버튼 홈스는 여행기라는 용어를 만들어 낸 미국의 여행가이자 사진가, 영화감독이다.
그는 1901년 부산에서 인천 제물포를 거쳐 기차를 타고 서울에 도착하였다.
서울 곳곳을 여행하면서 귀중한 사진과 기록을 많이 남겼다.

"서울은 내가 지금까지 가 본 곳 중에서 가장 낯설고도 흥미로운 도시이다.
지금까지의 여행 중에서 코리아의 수도를 방문한 것이 가장 재미있는 선택이었다."

경성용산시가지도(부분)
京城龍山市街地圖
1908 | 서울시립대학교 박물관

7
최근의 패션
거리에서 여성들은 상대적으로 눈에 띄지 않았다. 그들 대부분은 머리에 걸치기만 한 채 턱 아래로 모아 쥐어 얼굴을 감추는 윤기 나는 녹색의 상의를 뒤집어쓰고 있었다. 마치 회교국 여성들이 천으로 몸을 두르고 베일을 하는 것과 같았다.

8
돈의문과 전차
전차의 가공선과 전차는 중세풍의 아치를 통과하고 있고, 아치 너머로 전신과 전화선이 이어져 있다. 근대 기업이라는 거미가 이 잠자는 동양의 거대도시에 철로 된 거미줄을 치고 있는 중이었다.

1

제물포 항구

부두에 있는 사람들은 복장, 말, 풍속 모두가 새로웠다. 한국인과의 첫 만남은 부두에서 시작되었는데, 하역 인부들이 일본으로 수출하는 쌀자루를 배에 싣고 있었다. 제물포항은 이상적인 항구는 아니다. 구불구불하고 불안정한 해협으로 이어져 있다. … 도시의 반은 유럽풍이고 반은 일본풍이다.

2

미국제 기차

제물포 항구로부터 수도인 서울까지는 기차로 갔다. 승객은 의심할 바 없이 한국인들이다. 그들 대부분은 흰 옷과 버선을 신고 갓을 쓴 양반이었다. 우리는 복잡하게 짜인 갓에 호기심을 느끼고 하나를 사서 한가롭게 분해하며 살펴보았다. 이 승객들은 기차가 출발할 때의 혼잡 속에서도 깨끗한 희고 넓은 옷을 입고 신사답게 행동해서 우리의 감탄과 흥미를 샀다.

3

서울의 기차역

서울의 기차역은 도시 외곽에 있다. 인구조사 결과에 의하면 서울과 그 근교의 총 인구는 약 300만 명이다. 300만 명의 이상한 사람들이 낯선 옷을 입고 우리와는 확연히 다른 생각과 관습을 가지고 살아간다는 것이 호기심을 불러일으킨다.

4

서울에 도착하여

서울의 기차역에 도착하여 기차에서 내리자 길고 헐렁한 흰 겉옷을 입은 젊은이가 영어로 말을 걸어온다. 그리고 다음과 같은 내용이 담긴 카드를 건네준다.

"스테이션 호텔, 훌륭한 숙박시설, 적절한 가격, 요란한 군대행진 나팔 소리에서 멉니다."

머리를 길게 땋고, 설명한다고 크게 외치는 소리가 거슬리기는 하였지만 상냥한 청년을 따라 스테이션 호텔로 갔다.

5

스테이션 호텔

기차역에서 몇 걸음 떨어지지 않은 호텔은 작은 한옥들이 이어진 아주 작은 여관이었다. 호텔 주인 엠벌리Emberly씨 부부는 영국 출신인데 이전에는 중국 선교사였다. 호텔은 아주 작고 아늑한 가정집 같았다. 우리는 엠벌리 부인의 어머니와 같은 보살핌 아래 서울에서의 식사와 주거 문제를 가뿐하게 해결할 수 있었다.

6

미국인 측량기사

미국인 측량 기사가 최근 미국 회사에서 하청을 맡게 된 급수장과 수도관의 설계 시스템에 대한 사전 준비 작업으로 측량을 하고 있었다. 측량기구의 관측선을 따라가자 서울로 들어가는 입구 중 하나인 서대문에 이르는 거리가 나왔다.

9

관료의 이동수단

쨍그랑쨍그랑 울리면서 덜커덩거리는 전차가 문을 통과하여 거만하게 돌진하는 한편으로는 관료가 타는 차(가마)가 조용히 그리고 천천히 위엄을 부리며 지나간다. 이것들은 전기의 출현에도 불구하고 서울, 이 기묘한 도시에 중세의 생활 풍속과 방식이 아직도 지속되고 있음을 말해 준다. 그 대조는 정말로 극적이다.

10

시내 전차

우리는 전차를 타고 도시를 횡단하였다. 전차 승객은 표를 살 수 있는 역에서만 차를 타게 되어 있었다. 왜냐하면 차장들은 운임으로 현금을 받을 수 없기 때문이다. 차장들이 운임으로 받은 백동전을 중간에 가로채는 일이 곧잘 발생하자, 관리자는 단일한 50전 천공 승차표 제도를 도입하였다. 모든 서울 사람들은 이것을 알기에 대부분 노란 전차표를 갖고 있었다.

11

경희궁

궁궐의 정원은 양반들을 위한 공공놀이터가 되었다. 그곳에서는 신병들이 종종 훈련을 받거나 서울 양반들이 운동 경기와 유희, 주로 활쏘기를 즐긴다. 사대는 훌륭하다. … 거의 모든 화살은 하늘을 쪼갤 듯이 하강해서는 표적을 맞히거나 나빠도 그 근처에 떨어진다. 우리는 이 중세풍의 고상한 운동 경기에 참가하고 있는 서울 양반을 지켜보면서 흥미로운 시간을 보냈다.

사라진 돈의문

1907년 고종이 강제 퇴위된 직후 한양도성을 철거하기 위해 성벽처리위원회가 설치되었다. 도성 안팎을 왕래하는 교통이 빈번해진 것이 표면상의 이유였으나, 일본 태자의 방한을 앞두고 경비상·위생상의 안전을 도모하려는 목적이었다. 성벽처리위원회는 1908년 9월까지 숭례문과 흥인지문, 돈의문과 소의문 주변 성벽을 철거한 뒤 해산하였고, 남은 업무는 내부 지방국과 토목국에 이관하였다.

1910년 일제는 강점과 더불어 수도 한성부를 경기도청 산하의 경성부로 개칭하여 일개 지방도시로 격하시켰다. 1914년 행정구역 개편 당시 용산 일대를 경성부에 포함시키면서, 도시의 경계를 표시하는 성벽과 성문의 기능이 사실상 사라졌다. 이어 1914년에 소의문, 1915년에 돈의문을 헐고 목재는 단돈 205원(쌀 17가마)에 경매로 팔아 버렸다. 숭례문과 흥인지문은 보존하면서 돈의문만 철거한 것은 임진왜란 당시 왜장倭將들이 이 두 문으로 들어온 이유도 있었지만 러일전쟁 이후 의주로와 연결되는 돈의문 밖의 교통량이 크게 늘어났기 때문이기도 하다.

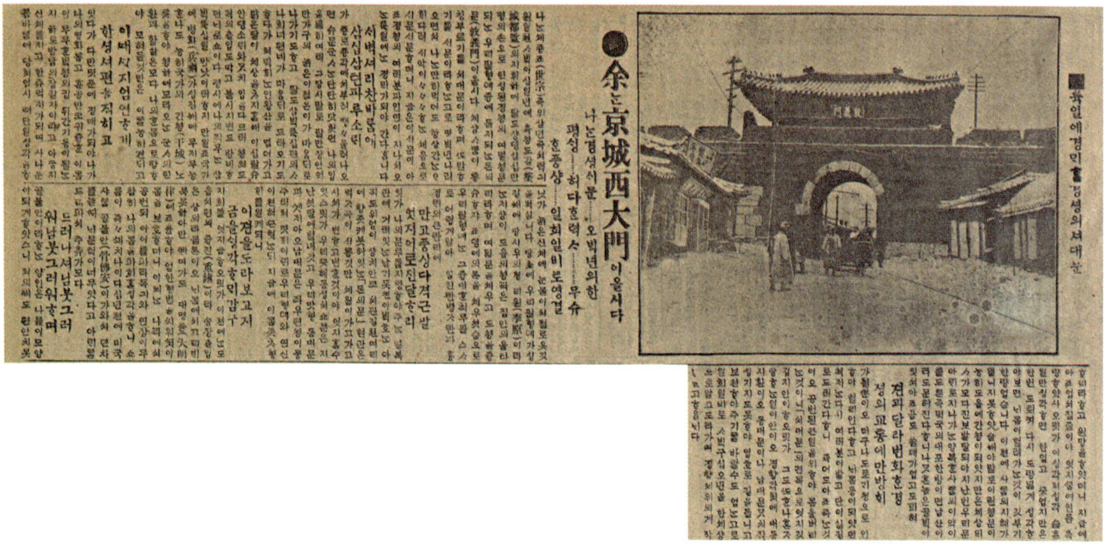
余는京城西大門이올시다

나는경성서대문이올시다

《매일신보》 1915. 3. 4.

"나는 경성 서대문이올시다 … 세상 매사가 모두 진보 발달되어 지난번 우리 문 아래로
지나가는 양복한 사람의 이야기를 들은즉 덕국의 대포 한 방이면
남산이라도 무너진다 하니 나 같은 놈은 골백이 있어야
조금도 쓸 데가 없고 도리어 전과 달라 번화한 경성의 교통에만 방해가 될 뿐이오,
더구나 도로 개정으로 인하여 헐린다 하고 내 몸뚱이 되었던 석재는
다시 여러분이 밟고 다니실 길로 들어간다 하니 죽어도 아주 죽는 것이오,
공번된 큰일을 위하야 몸을 버리는 것이니 [서대문]의 면목으로 어찌 기쁘지 아니하오리까.
그도 또한 나 혼자 당하는 일이 아니오, 경향 각처에 대동지환이오,
동대문이나 남대문같이 잘생기지도 못하여 옆으로 길을 돌리고 보전하여 주기를 바랄 수도 없는
고로 일희일비로 495년을 한세상으로 알고 돌아가며 경향 제위에게 작별을 고하옵니다."

『경성시구개정사업 회고 20년』
京城市區改正事業 回顧 二十年

1930 | 18.8×28.1

1914년 7월 착공된 제15노선(경희궁 앞~돈의문~독립문통) 공사로 인해 돈의문 철거 절차가 진행되었다. 돈의문은 1915년 3월 6일 조선총독부 토목국에서 경매입찰 처리되었고, 도로 개정에 사용될 석재를 제외한 목재는 염덕기廉德基에게 205원 50전에 낙찰된 후 문루와 문짝이 헐리게 되었다. 6월 10일에 홍예석을 비롯한 육축이 헐리고 2~3일 뒤에는 좌우 성돌까지 철거되어 돈의문은 영원히 사라지게 되었다. 8월 이 노선의 공사는 완공되었는데, 이 길이 지금의 새문안로이다.

1914

1930

시구개수사업 전후 돈의문 부근 모습

경성부 영역의 확장과 돈의문 일대

일본의 강점 이후 한때 줄어들었던 경성의 인구는 3·1운동 이후 급격히 늘어났다. 일본인 인구의 지속적인 증가와 함께 일제의 약탈적인 농업정책으로 인해 토지를 잃고 일자리를 찾아 온 지방 농민들, 신교육의 효용을 인식한 유학생 등이 속속 경성으로 모여들었다. 이러한 인구 증가는 주택 부족 문제를 야기시켰다.

1936년 일제는 경성부역을 확장하면서 성 밖의 광대한 지역을 경성부에 편입시켰다. 경성부의 인적, 물적 자원을 일원적으로 통제하기 위해서였다. 돈의문 철거 이후 서부지역에서 성 안과 밖의 경관 차이는 크게 줄어든 상태였는데, 경성부역 확장으로 인해 두 지역의 통합성은 한층 높아졌다. 서대문에서 마포, 양화진, 홍제동 등지에 이르는 신작로가 만들어졌다. 도심부에 가까운 서대문사거리 주변에는 적십자병원과 서대문경찰서, 서대문우편국 등 관공서가 들어섰고, 새문안로 가로변을 중심으로 근대 회사를 비롯하여 문화시설과 부호의 저택들이 잇따라 들어섰다. 그리고 새문안 동네의 경관에도 변화가 나타나기 시작하였다.

대경성부대관(부분) | 1936

최근 시내·외의 괄목할 만한 발전에 따라
현저한 발전을 보이고 있는 곳은 서부 경성의 일대로
그중에서도 감영 앞 네거리 의주통義州通의 대발전은 더욱 뚜렷하며
이곳으로부터 영천靈泉까지의 대간선도로를 중심으로 하야
좌우편으로 번창해 가는 상가는 자못 활기를 띠우고 있는 현상이다.
그리고 이 거리에 밤이면 야시夜市의 점포만도 50여 개가 늘어서게 되어
종로의 야시夜市보다 지지 않을 정도로 되어 나가는 중에 있다.

《조선중앙일보》 1936.5.14.

1931

1935

독립문 옥상에서 의주로를 찍은 모습 | 『조선토목사업지朝鮮土木事業誌』 | 1937

독립문

향상회

1922년 일본 불교 사회사업 단체
운영한 곳으로, 조선인 교화
직업 교육을 실시하였

편창제사방직주식회사

1911년 송병준이 설립한 한성잠업전습소를 1915년 은사수산제사장으로 사용하다 1927년 일본 회사가 인수하여 운영하였다.

조선총독부 제생원 맹아부

시청각 장애 학생을 교육하기 위해 1913년 숭의묘 부지에 교실과 기숙사를 설치하였다. 1931년 종로구 신교동 선희궁 터로 이전하였다.

딜쿠샤

1923년 신축된 앨버트 W.테일러의 집이다. 그는 1919년 AP통신사 임시특파원으로 3·1운동과 제암리 학살사건을 취재해 외국에 알렸다.

영은문 초석

서울 파노라마(부분)

1920년대 서울 전경을 찍은 5장의 사진을 연결해 파노라마로 만들었다.
사진의 원본은 왼쪽 북한산 자락부터 오른쪽 남산에 이르기까지의 전경을 담고 있다.
좌측 하단에 '태평관사진관'의 압인이 있다.
이 사진은 딜쿠샤의 주인이자 1919년 3·1독립선언문을 입수해 서방에 알린
앨버트 테일러Albert W. Taylor로부터 기증받은 것으로,
테일러가 취재 등을 목적으로 태평양사진관에서 찍은 사진을 수집한 것으로 보인다.
서울을 감싸 안고 있던 도성 안팎의 모습과 특히 의주로와 도성 사이에 보이는
교남동의 옛 모습을 한눈에 확인할 수 있다.

감영 앞거리는 서쪽의 진고개랄 만큼 와글와글 복잡하다.
장안에서 보든 그만한 질서조차 얻어 볼 수 없고
다만 적십자병원하고 죽첨공보, 신학교 등
몇 건물이 대표적으로 우뚝할 뿐이다.

《동아일보》 1933. 6. 24. 신록의 대경성부감기(11)

1934년 이곳에는 누가 살았을까?

1936년 경성부의 행정구역 확장을 앞두고 조사된 통계자료인 『각정동직업별호구조서』를 보면, 1934년 경성 인구 총 394,525명 중 조선인이 279,007명(70%), 일본인이 109,682명(28%), 외국인이 5,836명(2%)을 차지하였다. 1915년 돈의문이 철거된 후 이전에 비해 서쪽 지역의 성 안팎 경관 차이가 크게 줄어 인적·직업적 구성에서도 약간의 차이만 있을 뿐이었다.

특히 옛 성 안쪽인 서대문2정목의 경우 일본인 주민의 직업을 보면 공무·자유업 비중이 77%로 높게 나타났다. 1922년 경희궁 동쪽 담장을 허물고 총 46호의 조선총독부 전매국 관사 단지가 조성되었고, 1935년 경희궁 내 구릉지에도 경성세무감독국 국장 관사와 2호의 주임 관사가 추가로 건설되는 등 이 주변이 대규모 관사 주거지로서 기능하게 된 것과 관련이 있다. 새문안 동네도 1910년대에는 프랑스인, 독일인, 러시아인 등 다양한 국가의 외국인들이 토지를 소유했다면, 1920년대부터는 일본인 소유 토지가 점차 증가하였다.

한편 외국인의 경우 인근 정동은 공무·자유업(49.1%) 비중이 상업·교통업(28.2%)보다 높았던 반면 서대문 2정목은 오히려 상업·교통업(84.4%) 비중이 더 높았다. 상업중심지로 변모한 의주로를 접한 교남동·교북동의 경우도 전체 인구 중 상업·교통업 종사의 비율이 각각 50.7%, 46.3%로 높게 나타났다.

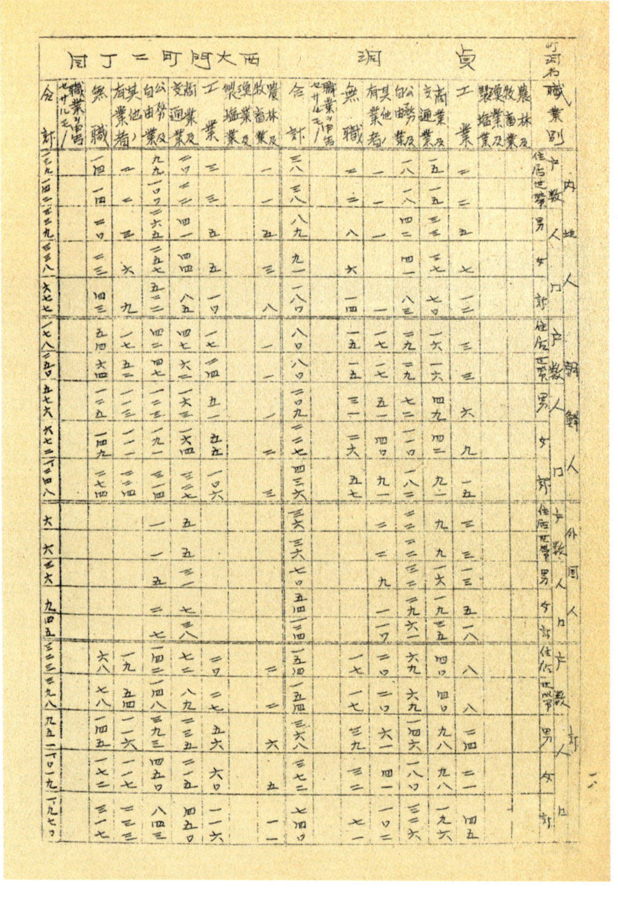

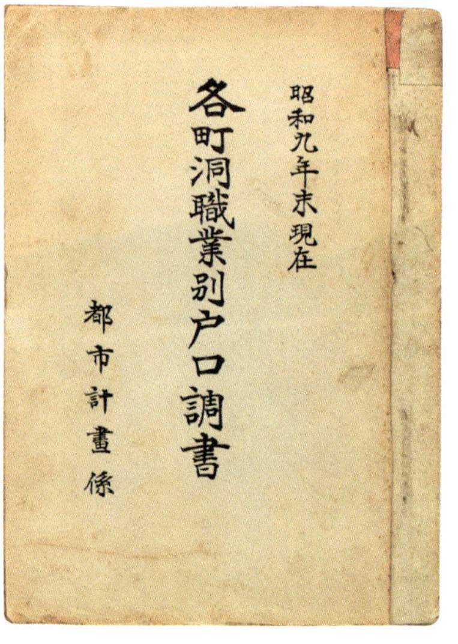

각정동직업별호구조서
各町洞職業別戶口調書

1934 | 26.8×19.3

1934년 말 서울의 인구를 기초행정단위인 정町·동洞을 기준으로 내지인[일본인], 조선인, 외국인으로 구별하고, 직업별로 1 농·임업 및 목축업, 2 어업 및 제염업, 3 공업, 4 상업 및 교통업, 5 공무 및 자유업, 6 기타 유업자有業者, 7 무직, 8 직업을 신고하지 않은 자 등 8개의 범주로 구분하였다.

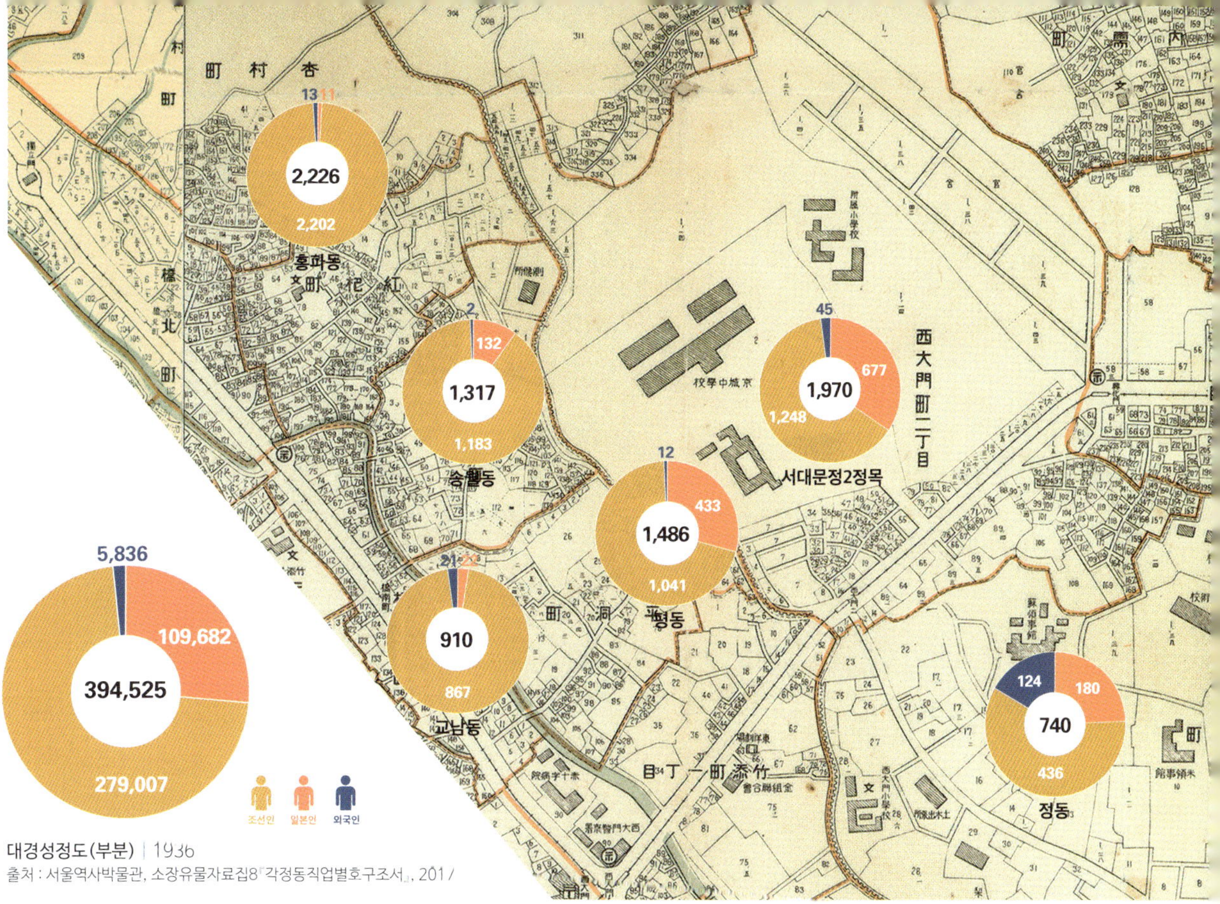

대경성정도(부분) | 1936

출처 : 서울역사박물관, 소장유물자료집8『각정동직업별호구조사』, 2017

정동명	직업별			농림급 목축업	어업급 제염업	공업	상업급 교통업	공무급 자유업	기타의 유업자	무직	직업을 신고하지 않은 자	합계
	내지인	호수	주거			2	15	18	1	2		38
			세대			2	15	18	1	2		38
		인구	남			5	33	42	1	8		89
			여			7	37	41		6		91
			계			12	70	83	1	14		180
	조선인	호수	주거			3	16	29	17	15		80
			세대			3	16	29	17	15		80
		인구	남			6	49	72	51	31		209
			여			9	42	110	40	26		227
			계			15	91	182	91	57		436
	외국인	호수	주거			3	9	22	2			36
			세대			3	9	22	2			36
		인구	남			13	16	32	9			70
			여			5	19	29	1			54
			계			18	35	61	10			124
	계	호수	주거			8	40	69	20	17		154
			세대			8	40	69	20	17		154
		인구	남			24	98	146	61	39		368
			여			21	98	180	41	32		372
			계			45	196	326	102	71		740

정동명	직업별			농림급 목축업	어업급 제염업	공업	상업급 교통업	공무급 자유업	기타의 유업자	무직	직업을 신고하지 않은 자	합계
서대문정2정목 西大門町二丁目	내지인	호수	주거	1		3	20	99	2	14		139
			세대	1		3	22	100	2	14		142
		인구	남	5		5	41	265	3	20		339
			여	3		5	44	257	6	23		338
			계	8		10	85	522	9	43		677
	조선인	호수	주거	1		17	47	42	17	54		178
			세대	1		24	62	47	52	64		250
		인구	남	1		51	163	123	113	125		576
			여	2		55	164	191	111	149		672
			계	3		106	327	314	224	274		1248
	외국인	호수	주거				5	1				6
			세대				5	1				6
		인구	남				31	5				36
			여				7	2				9
			계				38	7				45
	계	호수	주거	2		20	72	142	19	68		323
			세대	2		27	89	148	54	78		398
		인구	남	6		56	235	393	116	145		951
			여	5		60	215	450	117	172		1019
			계	11		116	450	843	233	317		1970

정동명	직업별			농림급 목축업	어업급 제염업	공업	상업급 교통업	공무급 자유업	기타의 유업자	무직	직업을 신고하지 않은 자	합계
교남동 橋南洞	내지인	호수	주거				2	1		1		4
			세대				2	1		1		4
		인구	남				10	1		2		13
			여				5	3		1		9
			계				15	4		3		22
	조선인	호수	주거			11	64	13	11	33		132
			세대			13	75	16	21	37		162
		인구	남			35	189	43	34	106		407
			여			31	236	42	41	110		460
			계			66	425	85	75	216		867
	외국인	호수	주거				5					5
			세대				5					5
		인구	남				18					18
			여				3					3
			계				21					21
	계	호수	주거			11	71	14	11	34		141
			세대			13	82	17	21	38		171
		인구	남			35	217	44	34	108		438
			여			31	244	45	41	111		472
			계			66	461	89	75	219		910

정동명	직업별			농림급 목축업	어업급 제염업	공업	상업급 교통업	공무급 자유업	기타의 유업자	무직	직업을 신고하지 않은 자	합계
	내지인	호수	주거			2	20	71		8		101
			세대			2	21	71		9		103
		인구	남			7	47	144		12		210
			여			4	50	149		20		223
			계			11	97	293		32		433
	조선인	호수	주거			20	50	28	21	39		158
			세대			26	65	36	44	51		222
		인구	남			68	170	79	99	73		489
			여			78	167	93	93	121		552
			계			146	337	172	192	194		1041
	외국인	호수	주거					6				6
			세대					6				6
		인구	남					6				6
			여					6				6
			계					12				12
	계	호수	주거			22	70	105	21	47		265
			세대			28	86	113	44	60		331
		인구	남			75	217	229	99	85		705
			여			82	217	248	93	141		781
			계			157	434	477	192	226		1486

정동명	직업별			농림급 목축업	어업급 제염업	공업	상업급 교통업	공무급 자유업	기타의 유업자	무직	직업을 신고하지 않은 자	합계
송월동 松月洞	내지인	호수	주거	1			4	19	2	2		28
			세대	1			4	19	2	2		28
		인구	남	5			6	38	4	4		57
			여	2			10	54	5	4		75
			계	7			16	92	9	8		132
	조선인	호수	주거			27	63	23	13	40		166
			세대			40	88	33	24	56		241
		인구	남			114	226	91	57	108		596
			여			114	207	90	52	124		587
			계			228	433	181	109	232		1183
	외국인	호수	주거					1				1
			세대					1				1
		인구	남					1				1
			여					1				1
			계					2				2
	계	호수	주거	1		27	67	43	15	42		195
			세대	1		40	92	53	26	58		270
		인구	남	5		114	232	130	61	112		654
			여	2		114	217	145	57	128		663
			계	7		228	449	275	118	240		1317

정동명	직업별			농림급 목축업	어업급 제염업	공업	상업급 교통업	공무급 자유업	기타의 유업자	무직	직업을 신고하지 않은 자	합계
홍파동 紅把洞	내지인	호수	주거					2		1		3
			세대					2		1		3
		인구	남					3		1		4
			여					4		3		7
			계					7		4		11
	조선인	호수	주거			26	77	64	18	108		293
			세대			46	107	80	62	151		446
		인구	남			110	250	199	144	361		1064
			여			90	287	212	146	403		1138
			계			200	537	411	290	764		2202
	외국인	호수	주거				5			1		6
			세대				5			1		6
		인구	남				9			1		10
			여				3					3
			계				12			1		13
	계	호수	주거			26	82	66	18	110		302
			세대			46	112	82	62	153		455
		인구	남			110	259	202	144	363		1078
			여			90	290	216	146	406		1148
			계			200	549	418	290	769		2226

도시한옥과 정세권鄭世權

경성의 인구 증가로 조선인이 살 집이 부족하게 되자 근대적 한옥을 건설·판매하는 회사들이 등장하였다. 이들은 도성 안의 관아 터 또는 세력가들의 집터였던 대형 필지를 사서 분할한 뒤 전통적인 한옥에서 진화된 형태의 한옥을 여러 채 지어 도시한옥 주거지로 개발하였다. 이중 정세권鄭世權(1888~1965)의 건양사建陽社가 가장 유명하였다.
그는 1930년대 북촌 가회동, 익선동 일대뿐만 아니라 이곳 새문안 동네의 개발에도 참여하였다. 1929년까지 1,229평의 큰 필지로 남아 있던 7번지는 1931년부터 작은 필지로 분할되면서 도시한옥들이 들어섰고, 이전에 없던 골목길도 생겨났다.

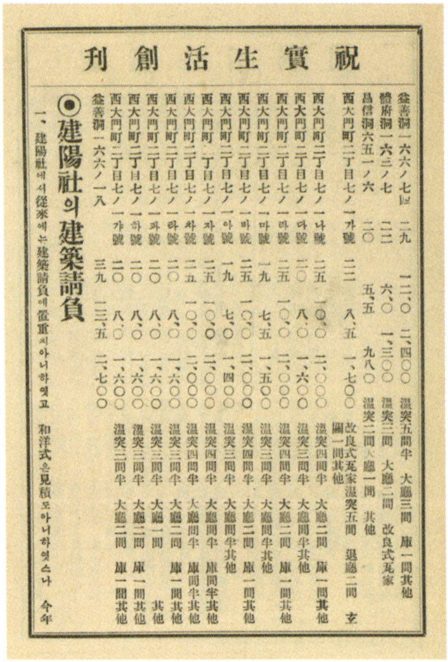

祝實生活創刊

益善洞一六六ノ七四 二九 一二、〇 二、四〇〇 溫突五間半 大廳三間 庫一間其他
體府洞一六三ノ七 二二 六、〇 一、三〇〇 溫突三間 大廳二間 改良式瓦家
昌信洞六五一ノ六 二〇 五、五 九八〇 溫突二間大廳一間 其他
西大門町二丁目七ノ一가號 二二 八、五 一、七〇〇 改良式瓦家溫突五間 退廳二間 玄關一間其他
西大門町二丁目七ノ一나號 二五 一〇、〇 二、〇〇〇 溫突四間半 大廳二間 庫一間其他
西大門町二丁目七ノ一다號 二〇 八、〇 一、六〇〇 溫突三間半 大廳間半其他
西大門町二丁目七ノ一라號 二五 一〇、〇 二、〇〇〇 溫突四間半 大廳二間 庫一間其他
西大門町二丁目七ノ一마號 一九 七、五 一、五〇〇 溫突三間半 大廳間半其他
西大門町二丁目七ノ一바號 二五 一〇、〇 二、〇〇〇 溫突四間半 大廳二間 庫一間其他
西大門町二丁目七ノ一아號 一九 七、〇 一、四〇〇 溫突三間半 大廳間半其他
西大門町二丁目七ノ一자號 二五 一〇、〇 二、〇〇〇 溫突四間半 大廳間半 庫間半其他
西大門町二丁目七ノ一차號 二五 一〇、〇 二、〇〇〇 溫突四間半 大廳間半 庫間半其他
西大門町二丁目七ノ一타號 二〇 八、〇 一、六〇〇 溫突三間半 大廳二間 庫一間其他
西大門町二丁目七ノ一파號 二〇 八、〇 一、六〇〇 溫突三間半 大廳一間 其他
西大門町二丁目七ノ一하號 二〇 八、〇 一、六〇〇 溫突三間半 大廳二間 庫一間其他
西大門町二丁目七ノ一갸號 二〇 八、〇 一、六〇〇 溫突三間半 大廳二間 庫一間其他
益善洞一六六ノ一八 三九 一三、五 二、七〇〇

◉建陽社의建築請負

一、建陽社에서從來에는建築請負에偏重치아니하엿고 和洋式은見積도아니하엿스나 今年

『실생활實生活』 1931년 8월호

건양사에서 서대문2정목 7번지를 분할하여
판매하고자 실생활 창간호에 낸 토지·한옥 판매 광고이다.
실생활은 조선물산장려회에서 발행한 잡지이며,
당시 정세권은 조선물산장려회 상무이사로 활동하였다.

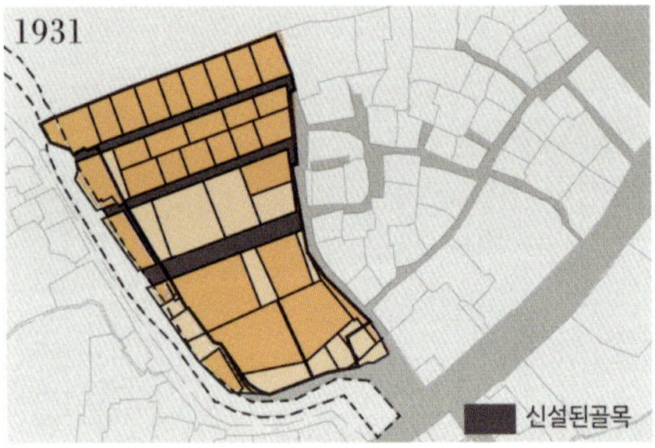

정세권 개발지(추정)

초석
礎石

1930년대 | 57×40

한옥 기둥 밑에 받쳐 놓는 주춧돌이다.
이 초석은 새문안 동네 7번지의 도시한옥 부재로 사용되었다.
돈의문 박물관 마을 내 한옥들을 새롭게 조성하는 과정에서
7번지의 초석들 대부분이 다시 활용되었으나 활용되지 못한
나머지 초석들은 서울역사박물관에서 수집하였다.

유한양행과 유일한柳一韓

유한양행은 유일한柳一韓(1895~1971)이 1926년에 설립한 회사로, 초창기에는 종로2가에 사무실을 열고 미국에서 수입해 온 의약품을 팔았다. 유한양행은 최초 개발 의약품인 진통소염제 '안티푸라민'과 혈청 등을 판매하였으며, 우리나라 최초로 종업원 지주제를 실시하였다. 유일한은 점차 사세를 확장하여 1932년에는 정세권으로부터 새문안 동네 일부 부지를 매입하고 사옥을 신축하였다. 언덕 위 곡선 형태의 지형을 따라 지어진 두 채의 서양식 건물은 유한양행이 1962년 신대방동으로 이주하기 전까지 30년간 본사로 사용되었다.

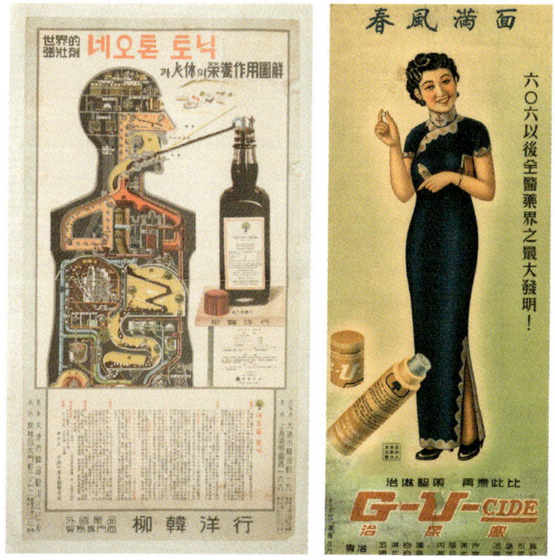

유한양행 의약품 광고지

네오톤 토닉 | 1930년대 | 57.8×33.5 | 국립한글박물관
G-U-CIDE | 1930년대 | 75.5×32.3

유한양행이 제작한 안티푸라민 약통

높이×지름(시계방향) 4.5×5.2, 1.2×5.5, 1.1×5, 3.7×6 | 국립민속박물관

유일한은 1933년 자체적으로 의약품인 안티푸라민을 만들었다.
반대라는 뜻의 안티anti에 염증을 일으키다는 뜻의
인플레임inflame을 합쳐 발음하기 좋게 바꾼 것으로,
현재까지 출시되는 유한양행의 대표적인 제품이다.

1930년대 유한양행 건물
유한양행 제공

적십자병원

1896년 경기감영이 수원으로 이전하면서 감영 터는 한성부 청사, 고양군청, 경성감옥 대평동출장소 등으로 이용되었다. 1923년 일본 적십자사 조선본부는 경성감옥 부지 1,316평을 무상으로 증여받은 후 상설진료소를 설립하였다. 이후 1926년 일본 적십자사 조선본부 병원으로 개칭 후 건물을 증축하였다.

당시 근대식 의료기관은 남대문 밖 세브란스 병원과 대한의원뿐이어서 서민들에게까지 치료 혜택이 돌아가기 어려웠다. 이러한 상황에서 적십자병원은 내과, 외과, 소아과, 산부인과, 치과, 이비인후과 등 6개과를 갖추고, 중산층 이하의 사람들에게는 저렴한 치료비 지원을, 극빈자들에게는 무료 진료를 시행하였다. 1937년 대대적인 병원 시설 확장을 위해 이전하여 4층 규모의 현대식 병원 건물을 신축하였고, 해방 이후에는 서울 적십자병원으로 개칭하여 운영하였다.

옛날 경기감영 터에 벽돌 2층 양관洋館이
요즈음 올연히 서게 되고…
환자의 병원치료를 위하여 스팀까지 설비하였으며
그다지 화려치는 아니하나 청결하고 소쇄하니
가히 병원으로 훌륭한 자리며 사랑의 절정으로
부끄럽지 아니한 설비이다.

《매일신보》 1923.12.23.

본관 건물 | 『경성과 인천京城と仁川』 | 1929

근대 제1문화층 발굴조사 완료 후 전경

2016년 12월부터 2017년 6월까지 돈의문 3구역 도시환경정비사업부지 내 유적 발굴조사를 실시하였다. 7동의 근대 건물지 중 5동을 일본 적십자사 조선본부 병원과 관련된 건축물로 추정하였다.

적십자병원터 출토유물
赤十字病院址 出土遺物

일제강점기

일본 적십자 조선본부 병원은 현재의 병사가 도로에 직면한 것과 병사가 협착한 데 불편을 느끼고 재작년 5월부터 총 공비 75만 원을 던져서 현재 병사 앞에다 4층 철근 콘크리드의 신병사를 건축 중이던 바요 얼마전 준공되어 작일 오후 2시에 이의 낙성식을 성대히 거행하얐나. 이에 신축한 병사는 총 평수 4천 4백여 평에 건평만이 3천여 평에 달한 모던식 병사로서 채광, 환기, 통풍 등 이상적 건물이라 한다.

《동아일보》 1937.11.8.

1 벽돌磚 | 11×22.4×6
'경京'자가 새겨진 벽돌은 마포 공덕동의 경성형무소에서 대규모로 제작된 것으로, 대부분 형무소와 관공서 건물에 사용하였다.

2 약병藥甁 | 3.7×8.5
앞면에는 '조선본부 적십자사병원 朝鮮本部赤十字社病院'이 양각되어 있다.

3 컵杯 | 4×7, 4×7.2
'적십자병원赤十字病院', '병실病室' 등의 글자와 적십자병원 마크가 적혀 있다.

일본 적십자사 조선본부 병원 신축공사 설계도면

1937 | 국가기록원

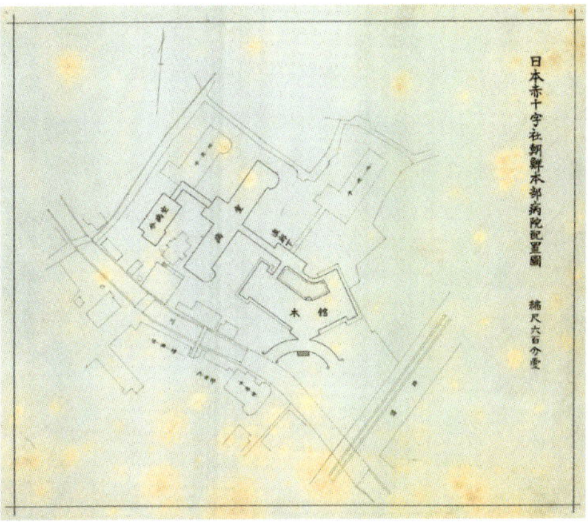

배치도 | 축척 1:600

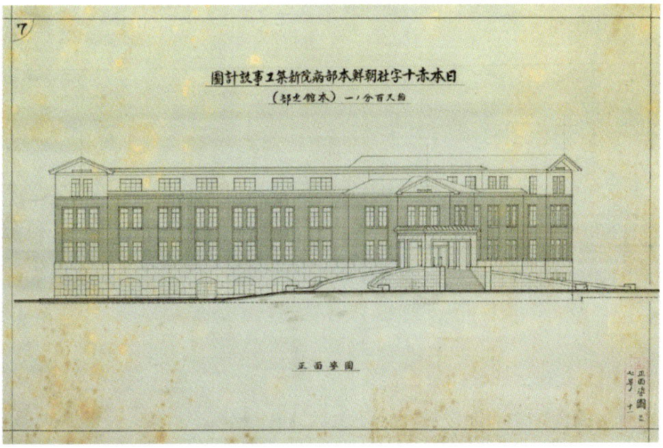

본관 정면도 | 축척 1:100

동양극장과 홍도야 우지 마라

1936년 7월 23일, 장안의 기생들이 동양극장 앞에 모여들었다. 그들은 연극 주인공이 자신들과 같은 직업이고, 그들의 애환을 다룬 작품이란 이야기를 듣고 극장으로 간 것이다. '홍도야 우지 마라'로 잘 알려진 이 연극 제목은 초연 당시 '사랑에 속고 돈에 울고'였는데, 상영 첫날부터 극장은 만원이 되었고 이후에 선보인 연극들도 선풍적인 인기를 모았다.

1935년 건립된 동양극장은 648석에 회전무대와 음향시설, 난방시설을 갖춘 우리나라 최초 연극 전용 상설 극장이었다. 해방 이후 영화관으로 사용되다가 1976년에 폐관되었고 1995년에 철거되었다. 현재 이 자리에 문화일보사가 들어서 있다.

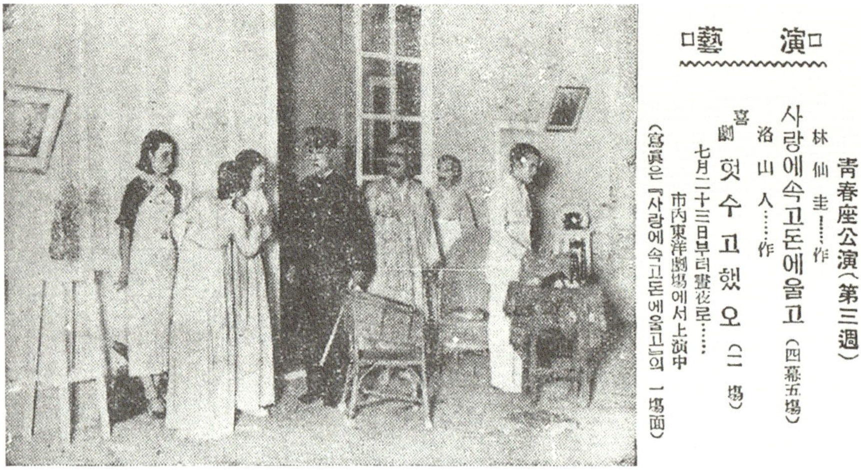

□演藝□

青春座公演(第三週)

林仙圭……作

사랑에속고돈에울고 (四幕五場)

洛山人……作

喜劇 헛수고했오 (一場)

七月二十三日부터晝夜로……

市內東洋劇場에서上演中

(寫眞은『사랑에속고돈에울고』의 一場面)

'사랑에 속고 돈에 울고' 연극 장면 | 《조선중앙일보》 1936.7.28.

"손님들 중에서 특히 기생들이
중요한 위치를 점령하였다.
(입장료는) 아래층이 40전, 2층이 50전,
2층 맨 앞줄에 놓인 소위 의자석이라는 것이
70전이었는데, 70전짜리 특등석은 대개 기생과
그녀들이 달고 온 놈팡이들의 독점장이었다.
이 특등석이 차고 안 차는 데에 따라
그 흥행은 살고 죽는 판이었다.
그녀들은 극평가劇評家인 동시에 선전가이기도 하였다."

최독견崔獨鵑(1935~1939년 동양극장 지배인 근무)

『대경성도시대관大京城都市大觀』| 1937

죽첨장竹添莊에서 경교장京橋莊으로

일제는 금 채굴 장려정책을 통해 수많은 금광을 발굴하였다. 이러한 골드러시gold rush의 바람을 타고 금광 재벌이 된 최창학崔昌學(1891~1959)은 조선인 3대 갑부(정세권, 박흥식)로 부상하였다. 1938년 대창산업 회사 옆에 2층 서양식 호화 주택을 지었다. 당시 건물의 이름은 죽첨장竹添莊이었다. 이 일대 행정구역의 명칭은 죽첨정竹添町이었는데, 초대 주한공사를 지낸 다케조에 신이치로竹添進一郞의 성姓에서 따온 것이다. 죽첨정 1정목 1번지를 주소로 둔 이 건물 역시 '죽첨竹添'을 따와 죽첨장이라 불렀고, 주로 외빈 접대용으로 이용하였다. 해방 이후 그는 친일 이력을 없애기 위해 백범白凡 김구金九(1876~1949) 선생에게 이 집을 무상으로 내주었다. 김구 선생은 인근에 있던 '경교京橋'라는 다리 이름을 따서 건물의 이름을 경교장京橋莊으로 바꾸고, 1949년 6월 서거하기 전까지 이 집을 대한민국임시정부 청사와 거처로 사용하였다.
이후 경교장은 다시 최창학에게 반환되어 한국전쟁 중에는 미군부대 주둔지로, 1956년에는 주한 월남 대사관으로 사용되다가 다음 해 매각되었다. 1967년부터 고려병원(현 강북삼성병원) 시설로 사용되다가 현재는 복원 후 전시공간이 되었다.

최창학 씨와 아방궁

죽첨정에 몇 해 전부터 궁궐 같은 주택을 짓느라고 매일같이
석수장이에 돌쫒는 소리가 끈치지 안이하며 그 집 주위를 만리장성같이
돌너싼 담은 조선에서는 만고萬古에 없는 훌륭한 옥석같은 것으로 싼 겹담은
실로 아방궁이 여기에서 디 낫슬리 없은 것이라고 지나가는 사람들은
입에 침이 말으지 안이하도록 이야기를 한디 여하튼 조선의 둘도 업는
쾌걸남아씨의 주택이야 이만하고야 면목이 없스리라고 할 수 없다.
그런데 이 집을 짓는데 건축비는 얼마나 될가 혹자는 삼십만원,
혹자는 이십만원 한닛가 어느 것이 올흔지 금년 봄 낙성 후가 안이면 알 수 없으리라고 한다.

『광업시대鑛業時代』 1938년 2월호

아지오전시실 2층은 가장 중요한 전시물로서 아지오 공간을 복원하였습니다.
일부 아치나 기둥들은 그대로 남겼고, 벽면, 헤링본 무늬의 바닥과 유리창 그리고
곳곳에 놓인 소품들을 이용해 아지오를 기억하고자 하였습니다.
목재와 난간, 벽에 먼지가 낀 모습과 창틀의 낡아 보이는 효과까지
세월의 흐름 속 시간의 켜와 공간의 모습들까지 담아내려 하였습니다.
많은 사람들이 아지오라는 이름으로 기억을 공유하는 이 장소에서 돈의문 안팎으로 마주하던,
지금은 아파트 단지로 변해 사라진 교남동과 돈의문 박물관 마을로 다시 태어난
새문안 동네의 도시·건축 기록을 전시로 담아 다시금 공유할 수 있도록 하였습니다.

아지오
AGIO

2F

두 동네의 기억과 기록

교남동과 새문안동네
도시·건축 변화의 기록

한양도성의 원지형과 성안 새문안동네, 성밖 교남동
The original topography of Seoul City Wall, and the villages inside and outside the wall, Saemunan Village and Gyonam-dong
교남동과 새문안동네
도시형태 변화
Gyonam-dong and Saemunan Village
Urban Pattern Change

두 동네의 기억과 기록 - 사라진 동네, 살아난 동네

돈의문 안과 밖의 새문안 동네와 교남동 일대는 2003년 '돈의문 뉴타운'으로 지정되었다. 돈의문 밖 인왕산 능선을 따라 성곽 아래로 한옥과 나지막한 집들이 펼쳐진 교남동과 주변 동네는 아름답고 평화로운 풍경만큼이나 오랜 시간의 정취가 배어 있고, 정든 이들의 추억이 쌓여 가는 그윽한 동네였다. 한편 돈의문 안에는 '작은 시간의 섬'처럼 새문안 동네가 자리하였다. 오래된 골목 사이로 한옥과 근현대기의 집들 할 것 없이 식당과 가게들이 들어서 때가 되면 찾는 손님들로 북적이는 활기찬 동네였다. 서울역사박물관은 이러한 동네의 모습을 서울생활문화자료조사 사업을 통해 기록하였고, 그 결과물을 『돈의문뉴타운 조사보고서-돈의문 밖, 성벽 아랫마을』(2009)로 발간하였다.

뉴타운 지정 후 10년이 지난 2013년에 교남동 일대의 전면 철거가 시작되었다. 많은 집들이 하나둘 사라지는 가운데 이를 기록해 두고자 민간 연구그룹이 모여 자발적으로 조사를 시작하였다. 한옥과 일식 주택, 전후에 지은 연립주택과 함께 한가운데 자리한 홍파동 골목을 자세히 실측하고 기록하였다. 한편 '근린공원'으로 계획되어 일부 건축물만 남기고 사라질 뻔한 새문안 동네는 이러한 노력들에 힘입어 오래된 골목과 집들을 보존하는 방향으로 계획이 구상되었고, 이를 실측하고 인터뷰도 하는 등 기록화 작업이 이루어졌다.

아지오전시실 2층은 이탈리안 레스토랑이었던 '아지오AGIO' 공간을 복원하였다. 그동안 이루어진 기록 작업들을 모형, 영상, 패널 등으로 전시하여 '사라진 동네 교남동'과 '다시 살아난 새문안 동네'의 의미를 되새겨 보고자 한다.

교남동과 새문안 동네
도시·건축 형성변화 연표

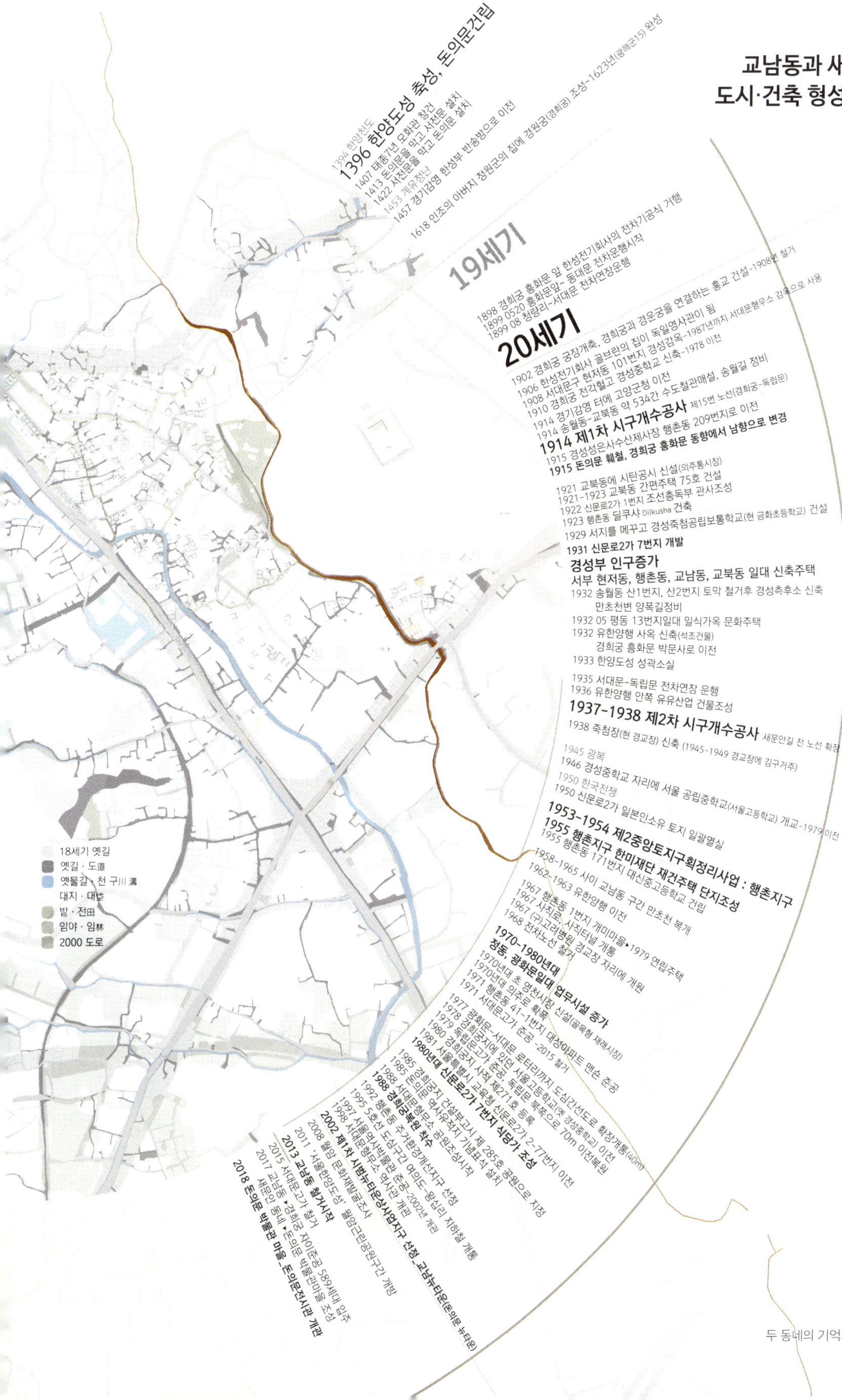

1394 한양천도
1396 한양도성 축성, 돈의문건립
1407 태종7년 모화관 창건
1413 돈의문을 막고 서전문 설치
1422 서전문을 막고 돈의문 설치
1453 계유정난
1457 경기감영 한성부 반송방으로 이전
1618 인조의 아버지 정원군의 집에 경원궁(경희궁) 조성~1623년(광해군15) 완성

19세기

1898 경희궁 흥화문 앞 한성전기회사의 전차기공식 거행
1899 0520 흥화문앞~ 동대문 전차운행시작
1899 08 청량리~서대문 전차연장운행

20세기

1902 경희궁 궁장개축, 경희궁과 경운궁을 연결하는 홍교 건설-1908년 철거
1906 한성전기회사 골브란의 집이 독일영사관이 됨
1908 서대문구 현저동 101번지 경성감옥-1987년까지 서대문형무소 감옥으로 사용
1910 경희궁 전각헐고 경성중학교 신축-1978 이전
1914 경기감영 터에 고양군청 이전
1914 송월동-교북동 약 534간 수도철관매설, 송월길 정비
1914 제1차 시구개수공사 제15번 노선(경희궁-독립문)
1915 경성성은사수산제사장 행촌동 209번지로 이전
1915 돈의문 훼철, 경희궁 흥화문 동향에서 남향으로 변경

1921 교북동에 시탄공시 신설(의주통시장)
1921-1923 교북동 간편주택 75호 건설
1922 신문로2가 1번지 조선총독부 관사조성
1923 행촌동 딜쿠샤 Dilkusha 건축
1929 서지를 메꾸고 경성죽첨공립보통학교(현 금화초등학교) 건설
1931 신문로2가 7번지 개발
경성부 인구증가
서부 현저동, 행촌동, 교남동, 교북동 일대 신축주택
1932 송월동 산1번지, 산2번지 토막 철거후 경성측후소 신축
만초천변 양폭길정비
1932 05 평동 13번지일대 일식가옥 문화주택
1932 유한양행 사옥 신축(석조건물)
경희궁 흥화문 박문사로 이전
1933 한양도성 성곽소실

1935 서대문-독립문 전차연장 운행
1936 유한양행 안쪽 유유산업 건물조성
1937-1938 제2차 시구개수공사 새문안길 전 노선 확장
1938 죽첨장(현 경교장) 신축 (1945-1949 경교장에 김구거주)

1945 광복
1946 경성중학교 자리에 서울 공립중학교(서울고등학교) 개교-1979 이전
1950 한국전쟁
1950 신문로2가 일본인소유 토지 일괄멸실
1953-1954 제2중앙토지구획정리사업 : 행촌지구
1955 행촌지구 한미재단 재건주택 단지조성
1955 행촌동 171번지 대신중고등학교 건립
1958-1965 사이 교남동 구간 만초천 복개
1962-1963 유한양행 이전
1967 행촌동 1번지 개미마을▸1979 연립주택
1967 사직로, 사직터널 개통
1967 (구)고려병원 경교장 자리에 개원
1968 전차노선 철거
1970-1980년대
정동, 광화문일대 업무시설 증가
1970년대 초 영천시장 신설(골목형 재래시장)
1970년대 의주로 확폭
1971 행촌동 41-1번지 대성아파트 맨숀 준공
1971 서대문고가 준공 -2015 철거
1977 광화문-서대문 로터리까지 도심간선도로 확장개통(40m)
1978 경희궁지에 있던 서울고등학교(옛 경성중학교) 이전
1979 독립문고가 준공, 독립문 북쪽으로 70m 이전복원
1980 경희궁지 사적 제271호 등록
1981 서울특별시 교육청 신문로2가 2-77번지 이전
1980년대 신문로2가 7번지 식당가 조성
1985 경희궁지 건설부고시 제 285호 공원으로 지정
1985 돈의문 역사유적지 기념표석 설치
1988 서대문형무소 공원조성시작
1988 경희궁복원 착수
1992 행촌동 주거환경개선지구 선정
1995 5호선 도심구간 여의도-왕십리 지하철 개통
1997 서울역사박물관 준공-2002년 개관
1998 서대문형무소 역사관 개관

2002 제1차 시범뉴타운상사업지구 선정_교남뉴타운(돈의문 뉴타운)
2008 월암 문화재발굴조사
2011 '서울한양도성' 월암근린공원구간 개방
2013 교남동 철거시작
2015 서대문고가 철거
2017 교남동 ▸경희궁 자이준공 589세대 입주
새문안 동네 ▸돈의문 박물관마을 조성
2018 돈의문 박물관 마을_돈의문전시관 개관

교남동과 새문안 동네 도시·건축 변화의 기록

2013년 봄 오래된 성 밖 동네 교남동은 뉴타운 건설을 위한 철거현장이 되었다. 사람들은 떠나고 빈집들의 벽면에는 붉은 페인트로 철거대상임을 나타내는 표시가 거칠게 그려졌다. 뉴타운이란 이름의 새 동네로 다시 태어나기 위한 것이라지만 오랜 삶의 흔적들이 사라질 수밖에 없음은 정말 안타까운 일이었다. 그 안타까움이 사라질 동네의 모습을 기록으로 남겨야 한다는 생각으로 이어졌고 생각은 망설임 없이 바로 행동으로 옮겨졌다.

그러나 대략 길이 850m, 폭 250m가량의 거대한 땅, 그 위에 쌓여 있는 하나하나 빠짐없이 모두 소중했을 수많은 삶의 증거물들 앞에 우리의 실측판은 너무 작았고 우리의 눈과 손은 너무 느렸다. 철거작업은 때로는 굉음과 함께 또 때로는 소리 없이 압박해 왔다. 어쩔 수 없이 기록의 대상을 오래된 집들을 중심으로 선별해야 했다. 삶의 가치, 그 흔적의 가치를 차별할 수 없겠지만 얼마 되지 않는 우리의 손과 실측판의 수 그리고 주어진 시간의 한계는 많은 것을 포기할 수밖에 없게 했다. 결과적으로 교남동과 새문안 동네 총 900여 동의 건물 중 307동을 조사·기록했다.

조사 기록 작업은 철거가 진행 중인 교남동부터 시작되었다. 일단 시작되자 놀라운 발견들이 이어졌다. 교남동을 따라 흐르는 만초천 천변에 땅의 형상과 변화를 따라 적응하며 세워진 놀라운 모습의 한옥군, 마지막까지 대청마루에 창문도 달지 않고 원래 모습 그대로 사용된 한옥집, 초가집에서 시작하여 주변의 집들을 통합하여 성장해 간 복잡한 구조의 음식점, 초가집이 원형인 듯한 여관집, 북촌 등지에 일반적인 도시한옥이 성립되기까지의 중간과정을 보여 주고 있는 평면 구성의 사례들, 일식집 같은 한옥, 양옥 같은 일식집…. 층층이 쌓여 있는 삶의 퇴적된 층 속에서 변화의 과정, 적응의 과정, 절충의 과정 등 이제까지 찾기 어려웠던 도시의 실제적 양상들이 생생하게 드러났다.

교남동의 조사 기록 작업이 진행되고 있음이 조금씩 알려지게 되었다. 서울시에서는 여러 논의를 통해 조사된 건물들 중 11채의 한옥을 선별하여 철거하되 상세한 해체보고서를 작성하고 해체된 부재들을 보관하였다가 원래는 돈의문 뉴타운의 공원 부지가 될 새문안 동네에 옮겨 세우자고 결정했다. 무작정 시작한 조사 기록 작업이 시발점이 되어 오래된 집들이 본래의 터를 떠나지만 인근에 남게 되고 또 그 집들이 옮겨질 새문안 동네의 운명 또한 완전 철거에서 보존재생으로 바뀌는 일이 일어났다. 이들 11채의 선별 보관된 한옥은 결과적으로 새문안 동네로 옮겨지지 못했다. 또 다른 상황의 변화들이 있었다. 그럼에도 애초에 철거될 계획이던 새문안 동네의 도시한옥과 일식집, 양옥집들의 대부분은 조사 기록 작업과 리모델링 작업을 거쳐 돈의문 박물관 마을로 다시 태어났다.

이제 옛 동네 교남동은 사라지고 돈의문 뉴타운 새 동네가 만들어졌다. 새로운 동네에는 새로운 사람들이 만들어 가는 삶의 층들이 또 쌓여 갈 것이다. 성 밖 교남동과 마주보고 있던 성 안 새문안 동네는 돈의문 박물관 마을로 다시 태어났다. 그 안 깊숙한 이곳, 옛 아지오 건물은 돈의문전시관 아지오전시실이 되었다. 많은 사람들이 기억을 공유하는 이곳에 옛 동네 교남동과 새문안 동네의 조사된 기록들을 담아 전시하였다. 돈의문 뉴타운 새 동네에 쌓여 갈 삶의 층들이 옛 교남동과 새문안 동네를 이어가는 것임을, 옛 동네의 기록이 새로운 동네에서 쌓일 기억으로 이어질 것임을 믿음과 함께….

이상구(경기대학교 교수)

한양도성의 원지형과 성안 새문안 동네, 성밖 교남동

조선의 도읍지 한양의 시가지는 백악산, 인왕산, 남산, 낙산의 내사산 능선을 따라 축조된 한양도성에 의해 성 안과 성 밖으로 구분되었다. 새문안 동네와 교남동은 한양도성의 서문인 돈의문을 경계로 성 안팎에 마주하며 자리 잡고 있었다. 새문안 동네는 돈의문 문안 첫 동네였고, 교남동은 문밖 첫 동네였다.

1899년 돈의문에서 청량리까지 전차가 개통되면서 전차를 돈의문 안으로 다니게 하기 위해서 문안의 바닥을 1.3*m*가량 파내었다. 1915년에는 단선이었던 전차 노선을 복선으로 만들며 돈의문을 완전히 철거해 버렸다. 그와 동시에 다시 높이를 3.6~3.9*m*가량 낮추어 평탄한 큰길을 만들었다.

이렇게 전차가 다니기 위해, 또 자동차가 다니기 위해 언덕들은 점차 깎였고 낮은 곳은 메워 평탄해져 갔다. 새 길을 내기 위해 산을 깎아내는 모습도 도처에 나타나기 시작하였다. 세워지는 건물의 규모도 점점 커져 갔다. 당연히 건물이 세워지는 땅도 넓고 평탄하게 다듬어졌다. 자연스럽게 이어지던 언덕들의 경사는 깎여 나가고 평탄해졌다. 자연의 모습이었던 산과 언덕은 점차 판잣집들이 늘어선 무허가 정착촌, 시민아파트, 서민들의 주택지로 변해 갔다.

한양도성의 서쪽 돈의문 일대는 이러한 지형의 변화가 두드러진 곳이었다. 돈의문 안팎을 전차로 연결하기 위한 돈의문의 철거와 길의 평탄화를 비롯하여 고종 대에 경복궁 중건 이후 훼철되어 뽕나무밭이 되었다가 관병식이 거행되는 넓은 공간으로, 운동회가 열리는 운동장으로 바뀌었다가 1910년 일본인 중학교인 경성중학교가 들어서게 되는 경희궁, 1929년 메워져 학교가 된 연꽃이 만개하던 서지西池, 복개되어 시장과 도로가 된 만초천의 물길, 넓은 땅을 평탄하게 만들어 자리 잡은 서대문형무소, 피라미드처럼 산을 덮고 있던 판잣집들을 철거하고 그 자리에 들어선 교남동 서측 금화산의 시민아파트 등 한양도성과 돈의문 일대의 원지형을 완벽히 복원하기는 어렵겠으나 도시 근대화와 함께 본격적인 지형의 변화가 일어나기 이전인 1920~1930년대의 지형 자료를 컴퓨터에 입력하여 3차원 자료로 만들고 이를 3D 프린터로 출력하여 한양도성 안팎의 원지형 모형을 제작하였다.

1

2

1 경성지도京城地圖
1930년 전후 | 축척 1:3,000

2 경성지도京城地圖
1922 | 축척 1:10,000

두 경성지도를 결합한 후 모든 등고선들을 일일이 입력하여 3D 프린터로 총 120개 조각을 출력하였다. 이를 다시 조립하여 한양도성이라는 전체 틀 안에서 새문안 동네와 교남동을 확인할 수 있게 되었다.

한양도성의 원 지형 | 1920~1930년대

한양도성의 현 지형 | 2000년대

교남동과 새문안 동네의 도시형태 변화

1. 18세기 한양도성과 의주로

1394년 한양 천도와 함께 백악산, 인왕산, 남산, 낙산 네 개의 내사산 줄기를 따라 한양도성이 축조되고, 그 북서쪽 인왕산과 외사산의 안산이 만나는 골을 따라 긴 가로가 만들어졌다. 이 길은 서로西路라고 불리며 의주까지 연결되었고, 중국으로 내왕하는 사신을 비롯하여 상인과 각종 물자들이 이 길을 통해 한양으로 드나들었다. 한양의 5부 중 서부 반송방에 속하는 이 지역에는 만초천이 흐르고 있었고, 동네 명물이라 불리는 석교와 경교 돌다리가 놓여 있었다. 한양의 세 연지 중 서지西池가 천연정과 함께 위치하고 있어 연꽃과 못의 경관이 빼어나 수많은 문인들이 즐겨 찾던 곳이기도 하였다. 아울러 중국 사신을 맞이하고 전별하던 모화관慕華館과 영은문迎恩門이 있던 곳으로, 떠나는 사람을 전별餞別하고 오는 사람을 맞는 길목이었다.

도성대지도都城大地圖 | 18세기
지적원도地籍原圖 | 1912 측량, 1914 공포

2. 1910년대 문안 첫 동네와 문밖 첫 동네

돈의문은 서울 도성의 서쪽 문으로 새문 또는 신문新門이라 불렀다. 돈의문 문안 첫 동네는 자문동紫門洞이라 불렸고 문밖 첫 동네는 서울 입구를 뜻하는 경구동京口洞과 신문동新門洞, 넓게 펼쳐진 대평동大坪洞과 소평동小坪洞, 커다란 은행나무가 있던 은행동銀杏洞, 개천변에 가지런히 심어져 있는 소나무에서 유래된 송정동松亭洞과 서울과 의주 간의 통신수단이던 파발마가 지나던 파발동擺撥洞, 모화관의 오른쪽에 있던 관우동館右洞, 만초천의 돌다리에서 유래된 석교동石橋洞 등 의주로에서 안쪽으로 뻗어 나온 구불구불한 골목으로 구성된 옛 동네들이 있었다.

경성부시가도京城府市街圖 | 1911 | 국립중앙도서관
지적원도地籍原圖 | 1912 측량, 1914 공포

3. 1930년대 서대문 밖 신흥주거지

성문이 헐리고 성 안팎이 전차로 연결되자 도심과 인접하여 입지가 좋았던 돈의문 밖은 새로운 신흥 주거지로 부상하게 되었다. 평동과 송월동 넓은 대지에는 한성전기회사의 콜브란Collbran의 집을 비롯한 저택이 들어섰고 새문안 동네에는 일본인이 거주하는 동네가 되었다. 행촌동과 홍파동의 동네 안쪽 골목의 끝 지점에 있던 큰 필지들이 작게 쪼개져 작은 필지와 골목이 되었고, 여기에 1920년대와 1930년대 도시한옥들이 밀집하여 지어졌다.

지적원도地籍原圖 | 1912 측량, 1914 공포
폐쇄지적도閉鎖地籍圖 | 1930년대

덕기는 지나가는 전차에 뛰어올랐다. 서대문에서 내려서 몇 번이나 물어 홍파동에까지 와가지고 수첩을 꺼내보고, 이 골목 저 골목을 꼬불꼬불 뺑뺑 돌아야 양의 창자다. 서울서 이십여 년을 자랐건만 이런 동네에는 처음 와 보았다. 반시간 턱이나 휘더듬어서 짧은 해가 뉘엿뉘엿 넘어갈 때나 되어서 바위 위에 대롱 매달린 일각 대문 앞에 와서 딱 서게 되었다. 이 동네를 휘더듬는 동안에도 이런 집도 많이 보았지만 그래도 하숙이라 하니 웬만한 집인 줄 알았다. 덕기는 참 정말 이런 집은 처음 본 것 같았다. 쓰러져 가는 일각 대문이라도 명색은 문이 있으니 물론 움은 아니다. 그러나 마치 김칫독을 거적으로 싸듯이 꺼멓게 썩은 거적으로 삥 둘러싼 집이다.

염상섭, 『삼대』, 1931

폐쇄지적도閉鎖地籍圖 | 1930년대
대경성정도大京城精圖 | 1936

105쪽 도판 상세설명

1 성벽 아래 구릉지에 굴을 파고 사는 토막민土幕民

20세기 초 급격하게 증가한 경성의 인구 중 대다수는 성벽 아래 좁은 틈과 하천 옆, 구릉지대에 움집과 토막집을 짓고 집단생활을 하게 된다. 특히 송월동 1번지와 2번지 임야와 구릉, 행촌동 빈터에 토막집과 땅을 판 토굴이 밀집하였고 조선인들의 참혹한 생활이 이어진다. 1932년 송월동 구릉에 거주하던 170여 호의 800여 명 토막민과 토굴민들은 쫓겨나 당시 고양군 아현리(현 서대문구 아현동)로 가게 되고, 그 자리에는 1933년 경성측후소(현 기상청)와 경성중학교 실험실이 세워졌다.

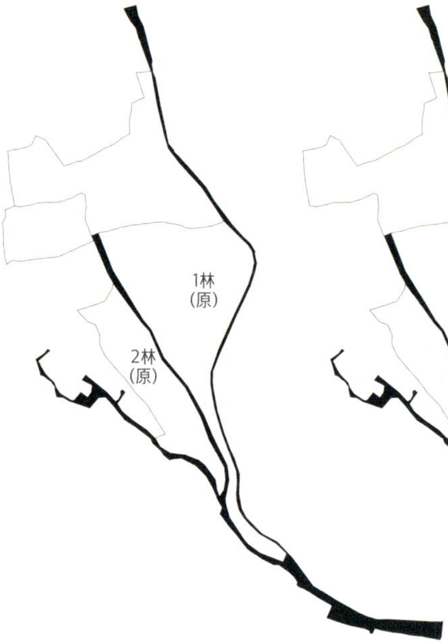

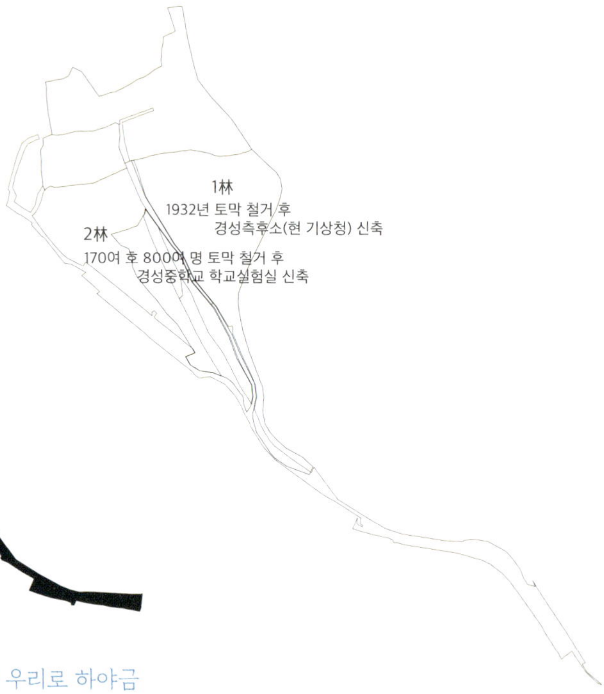

토막민의 한 사람인 모씨某氏는 말하되
"남의 사용지에 허락업시 집을 짓는 것은 잘못인 줄은 아나 우리로 하야금
이와 가티 잘못되는 일을 하게 한 것은 오즉 빈곤이 그러케 했습니다.
그러나 우리는 칠년 전부터 이곳에 오게 된바 경성중학교가 언제 사용권을
어덧는지는 몰라도 우리들은 국유지인줄만 알었습니다.
지난 여름 이래 세 번이나 퇴거하라고 학교에서 말을 하나 갈 곳이 업서 지금까지 잇엇스며…"

今冬의 經過도 不許
強硬한 京中態度
◇松月洞 土幕撤廢問題◇
住民은 府廳에 또 陳情
「七年前부터 住接 只今와서 撤毁라니」
중학교가 어든것도 몰라
◇土幕住民某氏談
建物의 總工費 約萬五千圓
직 만장지으면 안헌다고 借金은 血汗의 結晶體
京城中學側談

든거잇 이곳잘 도새 는나

《동아일보》 1931.10.9.

2 구릉지 아래 일식 가옥

성벽에 붙어 구릉에 굴을 파고 살았던 조선인들과 달리 아래쪽 넓은 대지에는 일본인들이 살았다. 평동 동네 안쪽 13번지와 송월동 112번지의 일부는 1930년대 필지가 일정하게 분할되어 개발되었고, 2호 연립형의 일본인 주택이 들어섰다.

평동 13-48번지에서는 1932년 5월 신축한 일식주택이 2000년대까지 남아 있었고, 비슷한 시기에 지어진 일본식 문화주택이 집단을 이루고 있었다.

3 새문안 동네의 개발

경희궁 궁장에 붙어 있던 새문안 동네 7번지는 1930년대 개발되어 북쪽은 집단 도시한옥, 바로 밑에는 일식가옥, 그 아래는 대형필지가 조성되었다. 한양도성의 내탁부는 돈의문 철거와 동시에 대지로 편입되었다. 1932년 대형필지로 조성된 7-26번지에 유한양행 사옥이 신축되었다. 그 후 한양도성과 붙어 있던 모퉁이 5번지와 6번지를 매입해 점차 확장되었지만 한양도성 내탁부를 따라 형성되어 있던 옛 골목길은 건물의 내부 복도로 남아 계속 유지되었다. 1950년 한국전쟁 때 새문안 동네에 있던 일본인 주택들은 일괄 멸실되었다.

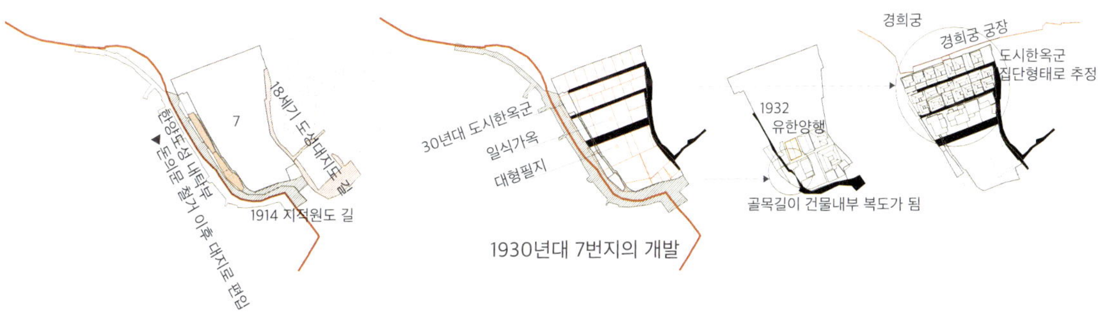

1930년대 7번지의 개발

1950년 9월 28일 일괄 멸실

4. 1950년대 한국전쟁 이후 행촌지구의 재건

한국전쟁 후 도심을 재건하기 위해 피해가 심한 지역을 제1중앙지구와 제2중앙지구로 지정하고 토지구획 정리 사업을 시행하였다. 1952년 현저동, 교북동, 행촌동, 홍파동 일부를 제2중앙 토지구획 정리사업의 행촌지구로 지정하여 택지가 개발되었고, 그 위에 운크라UNKRA(국제연합 한미재건단)의 지원으로 재건주택단지가 만들어졌다. 14평으로 된 3층 아파트 3동과 7평으로 된 2층 재건 연립주택 11개동, 한옥과 단층, 2층 박공지붕으로 된 재건 한옥과 재건 문화주택 14동으로 구성된 주택단지가 계획되었고 1954~1956년 완공되어 분양을 시작하였다.

폐쇄지적도閉鎖地籍圖 | 1950년대
지번구획입대서울지도 | 1959

"9·28 수복 때 이쪽이 전부 다
한옥이 죄 재바다가 됐어.
그래 가지고 주택영단이라는 데서 그걸 진 거야.
미국사람들이 어느 정도 살다가
한국 사람들이 불하한 거야."

이진형(1940년생, 교남동 거주)

신문로 피해 모습
1950년대 | 임인식 촬영

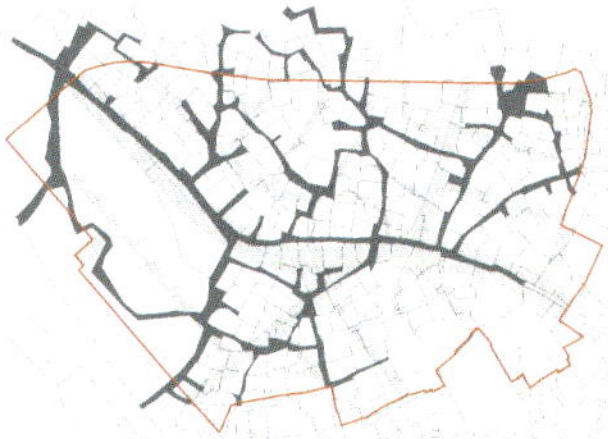

▼

제2중앙 토지구획정리사업

▼

재건주택단지

서울특별시 전재표시도(부분)
서울特別市 戰災表示圖

1950년대 | 114×110

붉은색은 한국전쟁 때, 파란색은 1·4후퇴 때
피해를 입은 지역을 표시한 지도이다.
한국전쟁으로 행촌동 주변으로
많은 가옥이 손실되었으며, 전쟁 이후
주거문제의 해결이 무엇보다 시급하였다.

서대문로터리 | 1954 | 임인식 촬영

5. 1970~1990년대 도시의 입체화 속에 갇힌 동네

폐쇄지적도閉鎖地籍圖 | 1970년대

터널과 고가도로

1967년 인왕산 줄기를 뚫고 서울시 최초의 도로터널이 개통되었다. 이후 점점 늘어나는 교통량을 완화하기 위해 1971년 서대문에서 충정로로 한 번에 이동할 수 있는 서대문고가도로가 만들어졌고, 1979년에는 사직터널에서 성산로로 연결하는 독립문고가가 완공되었다. 이로 인해 독립문은 원위치에서 70*m* 북서쪽으로 이동하게 되었고, 의주로와 한양도성 사이로 길게 뻗어 자리하던 동네는 사직로와 새문안로의 남과 북의 거대 도로 안에 갇히게 되었고, 행촌동은 이분화되었다.

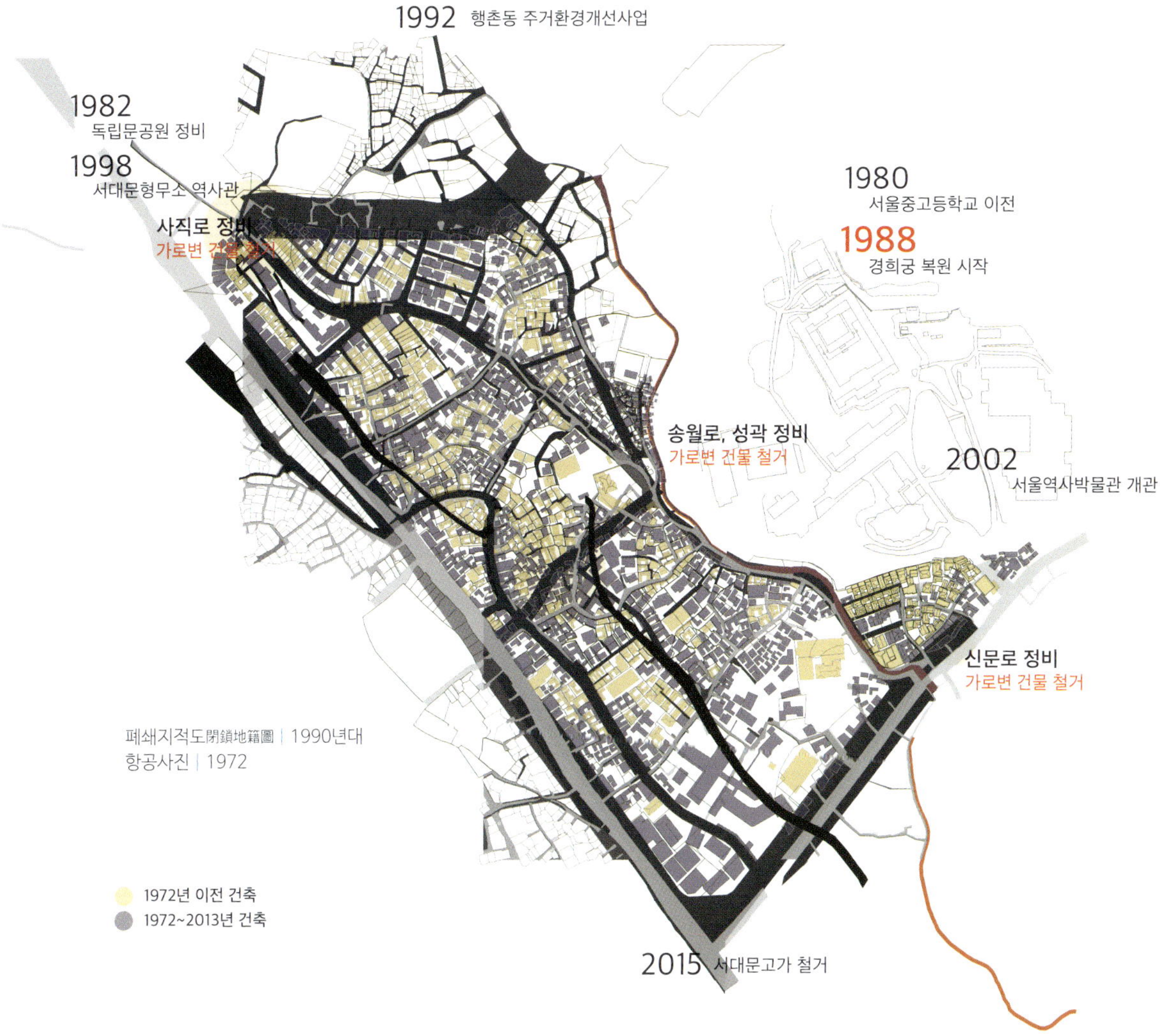

만초천蔓草川의 복개

인왕산에서 발원해 의주로와 같은 방향으로 동네를 굽이돌아 흐르던 만초천은 폭우가 내리면 범람해 때때로 홍파동과 교남동, 평동 물길 주변의 가옥들이 침수되었다. 1958년에서 1965년 사이에 만초천은 단계적으로 복개되었고, 개천 앞 집들은 일순간에 넓은 도로에 면하게 되었다. 이때 변경된 도로의 일부가 대지로 편입되면서 천변에 면하던 주택의 대지 면적이 늘어났고, 교남동의 91번지와 91-3번지에서처럼 기존 한옥들이 확장하여 신축하거나 재축하는 현상이 나타났다. 현저동의 복개된 만초천 위에는 1970년대 초 골목형 재래시장인 영천시장이 생겨 현재까지도 유지되고 있다.

변해 가는 한옥과 일식가옥, 다가구와 다세대

도로 확장과 만초천의 복개, 터널과 고가도로 개통으로 교남동 주변 도시구조는 급격하게 변해 간 반면 동네 안쪽에는 여전히 구불구불하고 좁은 골목이 살아남아 옛 시간과 기억을 켜켜이 쌓아 가며 유지되었다. 교남동의 도시한옥과 일식가옥, 연립주택의 일부는 다가구와 다세대로 변하였고, 신문로2가 7번지의 집단 도시한옥은 식당으로 변해 갔다. 교남동과 새문안 동네는 이렇게 다양한 주택들이 옛 골목과 어울려 변화된 시간을 간직한 서울의 오래된 동네가 되었다.

6. 2013년 지워져 버린 도시의 기록

살아 있던 옛 골목길과 동네, 도시·건축 현장 기록하기

2003년 교남동은 도심의 노후화된 동네로 선정되어 재개발 대상이 되었다. 뉴타운이라는 이름으로 조선시대 혹은 더 거슬러 올라가는 시간의 흔적과 깊이가 사라질 위기에 놓였다. 2013년 살던 집과 동네를 두고 교남동 주민들의 이주가 시작되었고 동시에 서울의 사라지는 도시·건축 현장을 남기기 위한 조사가 시작되었다. 그리고 그 이듬해인 2014년 이축해서 보존할 계획이던 11채 한옥을 포함해 교남동은 모두 철거되어 사라졌다.

수치지도 | 2009

7. 2017년 돈의문 뉴타운과 돈의문 박물관 마을

사라진 교남동 위에 세워진 아파트

철거되어 모두 사라져 버린 교남동은 지상 10층부터 21층까지 총 30개 동으로 구성된 아파트 단지가 되었다. 조선시대 한양도성의 축조와 함께 생겨난 성 안과 성 밖이라는 공간의 구분과 그 위에 켜켜이 쌓인 시간들과 동네의 기억, 옛 골목길의 풍경들은 한순간에 지워져 버렸다. 그 자리에는 널찍한 직선 도로와 현대식 주거 공간으로 바뀐 새 아파트 단지가 강북 도심에 우뚝 솟았다.

수치지도 | 2016

교남동과 새문안 동네 도시·건축 현장 기록 작업

교남동 일대 조사는 2013년 5월부터 2014년 7월까지 실시되었다. 도시와 건축 역사를 연구하기 위한 1차적 자료 구축을 목적으로 하는 순수 학술조사였다. 기록 조사 작업을 통하여 교남동 일대의 도시조직이 지워지는 순간까지의 사회적·경제적·문화적·기술적인 요소 등을 파악할 수 있는 다양한 자료를 구축하였다. 새문안 동네 조사는 2014년 6월에 실시되었다. 늦은 시기까지 식당들의 운영이 계속되어 학술조사로는 직접적인 조사가 불가능하였으나 『돈의문 1구역 역사공원조성 기본계획 수립 용역』이 진행됨에 따라 그 일환으로 기록 조사 작업을 진행하였다.

교남동과 새문안 동네에서 건축이 가능한 필지는 약 1,090필지이다. 건물 수는 부속 동을 제외하고 대략 900동이었으며 일반 목구조, 벽돌 및 블록구조, 철근콘크리트구조가 대표적인 건축구조였다. 이 중 일반목구조 건물은 439동이었고 1914~1998년 사이에 지어진 것이 대부분이었다. 목구조 건물을 중심으로 조사 기록 작업을 진행하고, 조사 당시 남아 있던 전체 목구조 건물의 약 68%인 298동을 조사 기록하였다.

교남동과 새문안 동네에서 조사 기록한 전체 분량은 총 307동이었다. 이를 대상으로 현장 기록 도면(야장) 310장을 그렸으며, 약 15,000장의 현장 기록 사진을 촬영하였다. 기록한 건물의 대다수는 주택이었으며, 양식적으로는 한옥·양옥·일식가옥으로 구분된다.

일식가옥日式家屋

일식가옥은 평동과 신문로2가에 주로 분포하였지만 조성 방식이 서로 다른 것이었다. 평동 13번지의 경우는 대형필지를 정리해 소규모 단지를 만들고 2호 연립형 단층 주택과 2층 목조 주택을 조성하기 위해 계획하였지만 완성하지 못하였다. 1940년대 초부터 시작된 필지 분할이 1945년 광복으로 중단됨이 원인이었을 것이다. 이때까지 조성된 주택은 한국전쟁 직후 1953년 10월 11일자로 대한민국 정부에 귀속, 즉 적산가옥으로 처리되었고 1955년부터 1965년 사이 약 10년에 걸쳐 민간에 불하되었다.

신문로2가, 즉 새문안 동네에 있는 일식가옥은 교남동 일대 한옥 필지처럼 원래 있던 조직을 활용하면서 당시 유행한 문화주택으로 지어졌다. 이 문화주택풍의 일식가옥들은 한국전쟁 당시 서울을 수복한 1950년 9월 28일자로 일괄 멸실해 버렸다. 그러나 신문로2가 49번지 일식가옥은 멸실 기록과 달리 원형을 간직한 채 남아 있었다.

평동 13-48번지

홍파동 10-7번지

양옥洋屋

양옥은 평동 경교장, 행촌동 딜쿠샤, 홍파동 홍난파가옥 정도가 남아 있었다. 대부분이 벽돌구조방식으로 지은 2층집이었다. 1920~1930년대에는 서양인 소유의 토지들이 많이 있었음을 감안하면 더 많은 양옥이 지어졌을 것으로 추측된다.

홍파동 2-16번지(홍난파 가옥)

한옥韓屋

한옥은 전통한옥을 기반한 도시한옥으로서 서촌이나 북촌처럼 대규모 토지구획을 한 조직이 아닌 개별필지 단위 또는 분할필지 단위의 조직에 따라 형성된 군집이라는 점이 달랐다. 또한 3량, 4량, 1고주 5량, 5량 구조방식이 주종을 이루는데 5량 구조방식이 1920~1930년대 도시한옥을 대표할 만한 구조로 정착되기까지의 발전과정을 살펴볼 수 있다. 도시한옥의 구조는 평면의 변화와 밀접한 연관성을 갖고 있다.

기본적으로 평면은 안방-대청-건넌방이 나란하게 배치되고, 안방 아래 부엌이 붙는다. 여기에 건넌방이나 부엌 옆으로 방이나 부속공간이 붙어 전체가 ㄱ자, ㄷ자, ㅁ자 모양인 형태로 집이 배치된다. 평면 유형을 파악할 때는 개념도(1)과 (2)에서 차이나는 것처럼 안방이 부엌 쪽으로 확장되는 것, 개념도(3)과 (4)처럼 대청마루와 건넌방 앞으로 툇간이 형성되는 것을 살펴야 한다. 조그만 필지에서 주거공간의 확장으로 보다 넓은 공간을 창출한 효과는 개념도(2)부터 안방 확장이 일어나고, 개념도(3)부터는 건넌방 확장과 대청이 2칸으로 늘어나는 현상이 나타나기 때문이다.

건넌방 확장은 개념도(5)와 (6)처럼 툇마루를 없앤 것이었기 때문에 궁극적으로 툇간을 짠 구조가 필요 없게 되면서 고주를 쓴 구조방식도 차츰 줄어들고, 개념도(7)과 같은 고주가 없는 5량 구조방식이 많아진다. 이와 같은 구조와 평면 간의 상관관계는 개념도에 정리한 바와 같이 7가지 평면과 4가지 구조 유형으로 나타난다. 이외에도 교남동 일대에는 전통적인 공간 구성을 벗어나 개량된 공간을 수용하는 경향이 나타났다. 새문안 동네에 남아 있는 한옥과 절충형 주택이 그 사례이다.

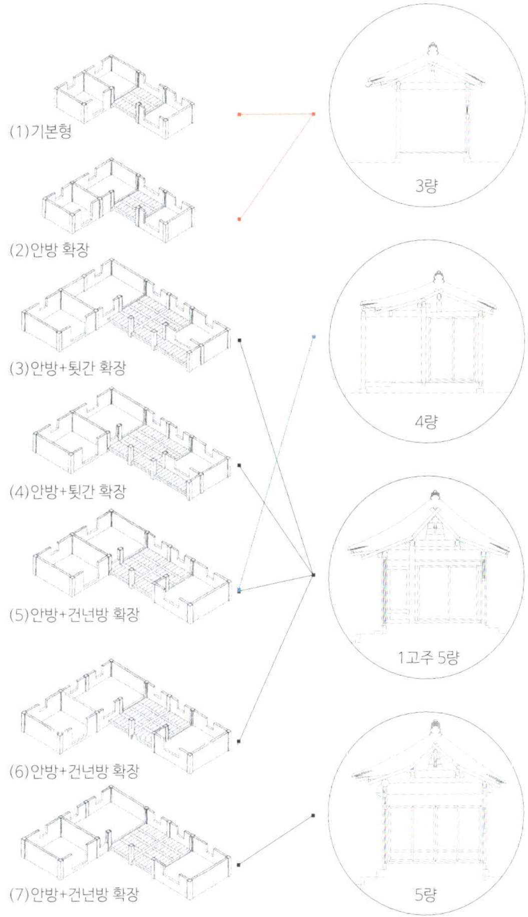

홍파동 174번지 일대

교북동 72번지

송월동 112-16번지

현장 기록 도면(야장) 그리기

현장 기록 도면은 기록 방식에 있어 가장 기초적인 형태이다. 조사자의 눈으로 직접 현장, 즉 건물의 구석구석을 관찰하여 공간을 그려내고 줄자나 레이저 거리측정기와 같은 기초적인 전자장비로 부재 규격과 간격을 실측한 값을 적어 둔다. 현장 기록 도면은 평면, 입면, 단면 그리고 부분적인 상세 도면을 실선과 점선만으로 표현하며, 여러 팀이 조사를 했더라도 공통된 표현기법과 건축용어를 사용하여 마치 한 팀이 작성한 것처럼 해석이 가능한 도면을 작성하는 일이다.

교남동과 새문안 동네 조사는 현장이 철거 중이어서 시간적으로 촉박한 상태였기 때문에 평면 위주로 도면을 그려내고 시간적으로, 건축적으로 중요하다고 판단되는 건물만 단면도를 그렸다. 단면도를 작성하지 않았다 하더라도 전산화된 도면 작성이 용이하도록 단면 부분은 실측값을 기록해 최적화된 현장 기록 도면을 완성하였다. 교남동과 새문안 동네에서 조사 기록한 전체 분량은 총 307동이며, 그중 현장 기록 도면(야장) 310장을 그렸다. 지금은 아지오전시실이 된 아지오 레스토랑의 도면은 2014년 6월 27일에 그렸고, 이 기록을 바탕으로 전시실을 조성할 때에도 바닥, 창문 등 최대한 아지오의 원형을 살리고자 노력하였다.

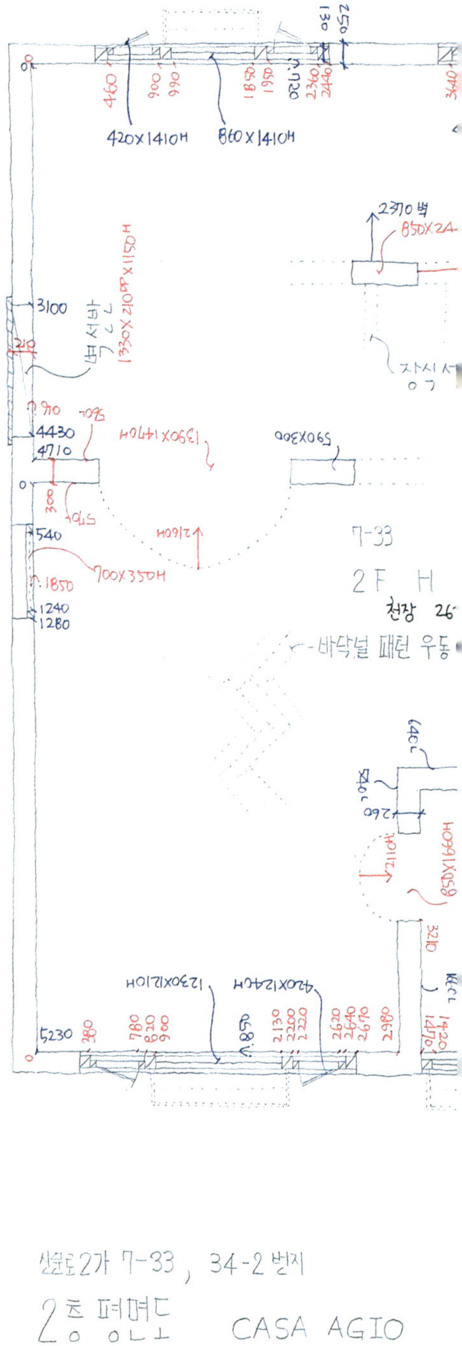

아지오 2층(신문로2가 7-33, 34-2)

- 연대 : 1967년 / 1955년
- 양식 : 일반주택, 조적벽 위 평슬라브 구조
- 규모 : 45.62㎡ / 26.45㎡(확장부 제외)

도면에서 왼쪽 공간이 7-33번지이고, 오른쪽이 34-2번지이다.
아지오는 7-33번지 1층 전체를 주방전용 공간으로 쓰고,
2층과 34-2번지 1층, 2층을 연결해 홀Hall로 썼다.
주출입구는 34-2번지의 마당을 통해 진입하고,
2층 계단도 34-2번지에만 설치되어 있었다.
2층 통로가 7-33번지와 34-2번지 두 공간을 연결하였다.
원래 개구부가 있었던 벽은 아치로 장식하고, 내부 바닥은 헤링본 마루를 깔았다.
내부공간이 전반적으로 엔틱한 분위기였다.
34-2번지는 앞뒤 테라스를 확장하였다.
특히 뒤편 테라스는 경희궁과 그 배경으로 인왕산, 백악산이
한눈에 펼쳐져 아지오를 즐겨 찾던 사람들이 선망하던 자리였다.

도면명 : 2층 평면도
조사일 : 2014. 6. 27.
조사자 : 정춘환, 이예진, 유선민

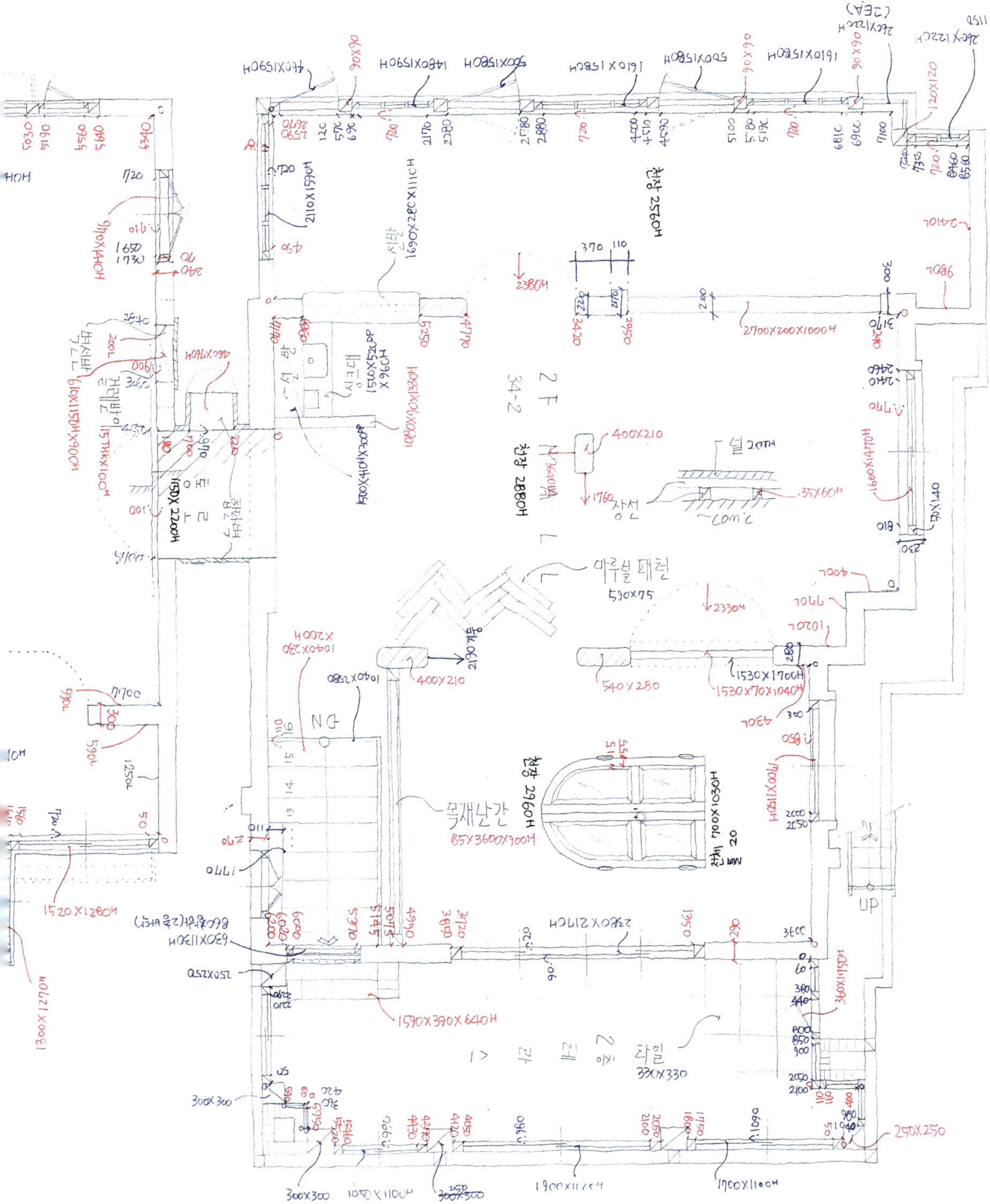

교남동 일대의 기억 2013

돈의문 뉴타운으로 지정된 교남동과 새문안 동네의 골목과 집에 대해 조사를 진행하였다. 조사를 시작한 2013년을 기준으로 한옥, 일식주택, 한국전쟁 이후 복구사업으로 지은 연립주택, 문화주택 등을 표시하였다. 1914년 지적원도를 바탕으로 옛길과 물길을 지도에 표시하여 2013년 당시의 길과 비교하였다.

성 밖 교남동 일대 중 위쪽에 자리한 '재건주택단지' 지역은 변화가 가장 많아 오래된 골목과 집들이 대부분 사라지고 새로운 길과 집들로 바뀌었다. 아래 지역은 예전의 골목과 집들이 비교적 잘 남아 있는 편이었다. 동네 한가운데를 지나는 만초천 주변의 오래된 동네를 실측 자료를 바탕으로 모형을 만들어 홍파동 골목이란 이름으로 전시하고 있다.

물길
1914년 지적원도길
현재도로
현재 땅
건물
절충형주택
일식주택
한옥
부흥주택
연립주택
성곽

딜쿠샤
사직터널
주택단지
재건 부흥주택
절충형 한옥
(한옥+양식+일식)
홍난파가옥
기상관측소
경희궁
스위스대사관
서울특별시교육청
홍파동골목
모형범위
석교
등학교
남동 일대
한양도성
새문안동네
30년대
도시한옥군
흥화문
2층 목조주택군
2층 절충형 주택
(한옥+양식+일식)
옛 유한양행
경교장
강북삼성병원
돈의문터
절충형 한옥
한옥+일식(중복도형)
옛 일식주택군
(평동13번지)
정동
적십자병원
옛길
경교
물길(만초천)
서대문역

홍파동 골목과 나무들

2013년 돈의문 뉴타운 지역에서 오래된 골목과 집이 잘 남아 있는 홍파동 골목을 실측하고, 그 안에 있는 건축물과 나무 등의 식생에 대해 조사하였다. 골목의 집들은 한옥뿐 아니라 일식주택, 슬라브집, 다세대, 다가구주택 등 다양한 형태의 건물이 있었다. 또 지형을 따라 자연스럽게 형성된 집과 골목이 크고 작은 나무들과 함께 그윽하고 아름다운 풍경을 만들고 있었다. 빌라 앞 오래된 향나무, 막다른 골목의 은행나무, 무성한 장미 넝쿨과 모과, 단풍, 매실, 사철, 호두, 라일락, 감, 대추나무 등 다양한 수목들도 사람들과 함께 더불어 살고 있음을 골목지도에 표현하였다.

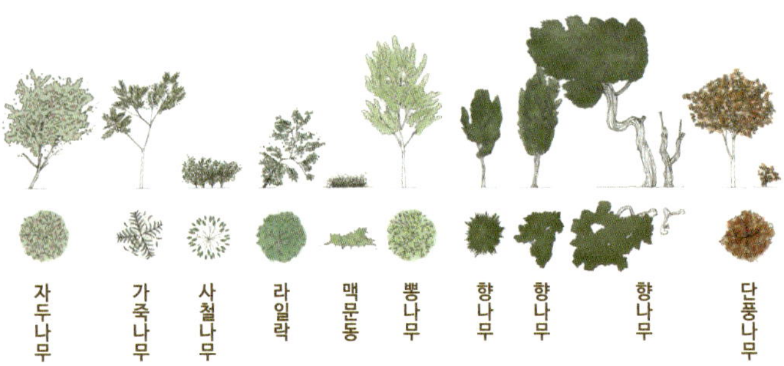

형제집
할머니집
자전거포 한옥
장미
느릅나무
가죽나무
목련
감나무
대추나무
향나무
담쟁이덩굴
화양목
대추나무
앵두나무
호두나무
매실나무
사철나무
사과나무
모과나무
매실나무
다래나무
능소화
사과나무
감나무
꽃개오동
소나무
모과나무
가죽나무
단풍나무
장미
모과나무
장미
목련
은행나무
담쟁이덩굴
개나리
장미
라일락
향나무
마삭줄
향나무
대추나무
대추나무
화양목
라일락
감나무
감나무
감나무
송악덩굴
황매화
장미
인동덩굴
장미
송악덩굴
라일락
사철나무
대추나무
목련
향나무
은행나무
감나무

©구가도시건축

홍파동 골목 모형

홍파동의 골목과 집들을 재현해 이제는 볼 수 없는 동네의 모습을 그리고자 하였다. 골목에는 한옥과 2층 슬라브집, 다세대주택이 함께 자리하고 있다. 향나무와 은행나무, 감, 대추, 모과, 목련, 장미 넝쿨이 집집마다 무성하였다. 골목 안에는 식당 앞에 줄을 선 사람들, 자전거를 고치는 할아버지와 뛰어노는 아이들 그리고 개와 고양이들이 있었다. 사람들과 더불어 골목에는 나무와 풀 그리고 동물들이 함께 살고 있었다.
골목 모형 안에는 도가니탕으로 유명한 대성집과 큰길 건너 영천시장에서 흘러온 물길을 따라 둥글게 돌아가는 자전거포 한옥, 밖에는 미용실, 설비가게 등을 두고 안으로 두 채의 집을 안고 있다. 골목 안으로 들어가면 아름다운 화방벽과 대문을 둔 할머니집이 있다. 할머니집은 떠날 때까지 창을 달지 않은 열린 대청과 아궁이를 쓰고 있었다. 한편 원래 한 집이었다가 둘로 나뉜 것으로 보이는 형제집이 있다. 서로 다른 골목에서 들어가는 이 집은 각자 마당이 있는 ㄷ자 한옥으로 벽을 두고 반반 나누어 쓰는 2층 일식집을 가운데 두고 있다.

축척 1:40 | 윤준환 촬영
구가도시건축 2013 조사, 2018 제작

궁전숯불갈비

궁전숯불갈비
신흥 부동

대성집 도가니탕

대성집 도가니탕

쌀
교남 양곡

오토바이

경기수퍼 쌀

홍파동 골목 들여다보기

홍파동 동네 모습이다. 골목을 따라 나지막한 집들이 보이고,
마당과 골목엔 나무와 꽃들이 가득한 동네이다.

형제집 중 한 집이 있는 막다른 골목 모습이다.
끝에 약간 넓은 골목마당이 보인다.

쌀가게 앞 찻길이다. 휘어진 길을 따라
1, 2층 가게들이 어깨를 나란히 하고 있다.

오토바이 가게 앞 모습이다.
골목에선 자전거와 오토바이가 중요한 이동수단이다.

남쪽에서 본 자전거포 한옥 모습이다. 미용실, 설비가게가
나란히 있는 가운데, 건너편에는 늘 어르신들이 모여 계신다.

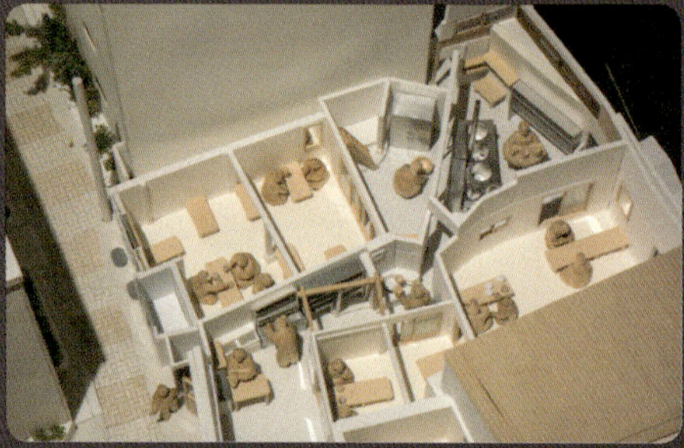

지붕을 드러내고 본 대성집의 안 모습이다.
원래 이웃한 여러 집이 세월 속에 한 가게가 되었다.

자전거포 한옥으로 향하는 경사진 길이다.
아주 오래된 향나무들이 길의 정취를 더한다.

자전거포 한옥 앞 삼거리의 모습이다.
나무 그늘 아래 어르신들과 자전거포 사장님이 보인다.

서쪽에서 동쪽으로 가는 홍파동 골목을 위에서 본 모습이다. 가운데에서 골목이 갈라지는 것이 보인다.

홍파동 골목 한가운데 풍경이다. 골목을 이어온 나무들이, 어느 집 정원의 나무들과 이어져 하나의 띠를 이루고 있다.

홍파동 동네 한가운데 옥상 풍경이다. 옥상마다 화분을 가꾸거나 빨래를 널고, 운동을 하는 등 다양한 모습들로 넘쳐난다.

대성집 입구 바로 앞에 있는 막다른 골목 모습이다. 식사를 마치고 나온 손님들이 이야기를 나누고 있다.

길고 조용한 막다른 골목에서 어른과 같이 신나게 노는 아이와 강아지가 보인다.

할머니집 앞 골목에서 만나 잠시 이야기를 나누는 고물 줍는 할머니와 동네 할아버지가 보인다.

골목 밖에 아궁이를 내어놓고 끓이고 있는 식당 아주머니와 길 가다 말을 거는 동네 아저씨 모습이다.

골목 초입, 학교를 마치고 집으로 돌아가는 아이의 모습이다.

북쪽에서 바라본 대성집과 다른 가게들의 모습이다. 안쪽으로 평화여관으로 가는 골목이 보인다.

대성집
교북동 86번지 외

도가니탕으로 유명한 대성집은 일대에서 가장 잘 알려진 오래된 식당 중 하나이다. 처음에는 큰길에서 장사를 하다 도로 확장으로 골목 안에 들어와 자리를 잡았다. 비슷한 장사를 하던 주변 식당들을 차례로 거두어들여 하나씩 확장해 나갔다. 모두 7개의 필지를 차지하고 있으며 이 중 3개 필지에는 작은 초가집이 있었고, 식당 안 여기저기에서 남아 있는 기둥을 볼 수 있다.
모형에서는 2013년 조사 당시의 식당 풍경을 묘사하였다. 점심때가 되면 손님들은 가게 앞에 줄을 서서 기다리고, 식당에 들어온 손님은 주인의 표현대로 우렁이 속 같은 공간을 지나 자리에 앉게 된다. 입구와 가까운 테이블석은 몇 단 올라가 있고, 안쪽으로 가려면 배식대와 통로가 엉켜, 뚝배기에 탕을 담아 나르는 일하는 분들의 옆을 지나야 한다. 큰 솥 대여섯 개가 걸린 마당같이 넓은 주방을 돌아 신발을 벗고 방에 들어가거나 자리가 없을 땐 다락에 올라가 밥을 먹기도 한다. 입술이 짝 붙는 도가니탕만큼이나 골목과 하나가 되어 60여 년의 시간을 쌓아 온 대성집은 교남동의 깊은 역사를 말해 주는 중요한 공간이다. 현재는 가까운 독립문사거리로 자리를 옮겨 그 명맥을 이어가고 있다.

"그전에는 도로가 2차선이었잖아요. 바깥에 있는 건물이 헐리면서 안으로 들어와 버렸어.
그때가 아마 칠십... 저 여기 사십 년이 넘었어요.
우리 집이 원래 도가니탕 원조이기 때문에 또 그대로 사십년 동안 한자리서 한다는 게 쉬운 게 아니잖아요.
재밌어 우리집. 우리집, 운치 있죠. 시골 오막살이 집인데, 들어가봐요. 꼭 우렁 속 같애"

이춘희(대성집 운영)

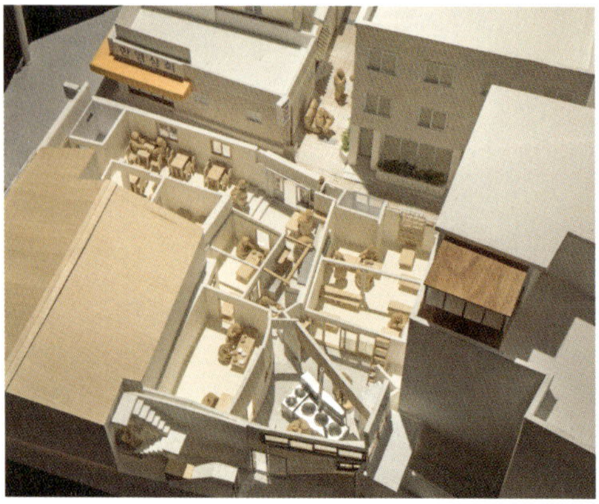

자전거포 한옥

교남동 91, 91-3번지

교남동 지역의 특징이 잘 나타나는 한옥이다. 영천시장 앞에 있는 다리는 석교라고 하고 다리 위쪽을 교북동, 아래를 교남동이라 한다. 석교를 지나 적십자병원 쪽으로 돌아 내려가는 하천을 무악천 또는 만초천이라 한다. 이 집은 동네를 둥글게 돌아가며 흐르는 만초천을 따라 지은 매우 특이한 모양의 한옥이다.

구성도 흥미로워 가게들은 바깥에 위치하고 집은 안쪽에 있는 주상복합 형태를 이루고 있다. 위쪽부터 길을 따라 자전거포, 설비 가게, 인테리어 수리점, 미용실과 같은 동네 가게들이 있다. 문간채 한두 칸씩을 차지하며 돌아가고, 한가운데와 모퉁이에는 대문이 있으며, 그 안에 마당 있는 집 두 채가 자리한다. 집은 큰길과 만나는 삼거리에 위치해 어디서나 눈에 띄어, 건너편에 있는 큰 나무와 함께 주민들이 모이는 동네의 중심이었다.

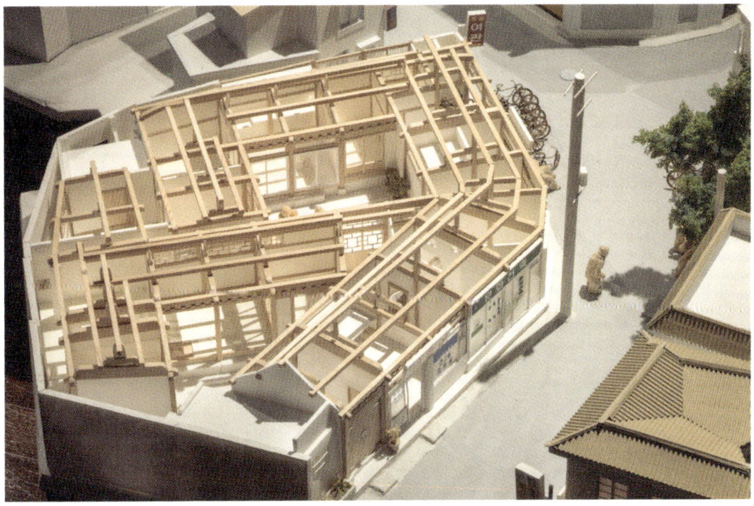

할머니집

홍파동 180번지

교남동 일대에서 조사한 도시한옥 중 가장 원형이 잘 살아 있는 집이다. 안채와 아래채 두 채인데 안채의 공간과 구조가 잘 남아 있고 전체적인 비례와 짜임이 좋다. 안채 대청은 창이나 창틀을 달지 않은 열린 대청으로 아궁이, 구들과 함께 퇴거하는 날까지 그대로 사용하였다. 상량문에 신미년이라고 적힌 것을 미루어 볼 때 건축물 대장에 기입된 1933년보다 두 해 이른 1931년에 건축한 것으로 보인다. 안채 끝에는 도시한옥에서는 보기 드문 창고가 있으며, 마당 한가운데에 우물을 두고 아래채에는 재래식 화장실이 있다. 집 밖으로는 단정하고 아름다운 화방벽과 대문이 골목에 맞닿아 있어 아늑한 동네 풍경을 이루고 있었다.

여기서 자라 오랜 세월을 이 집에서 사신 할머니는 집을 두고 가는 것이 못내 아쉬워 이사 간 이틀 후에도 다시 찾아와 집에서 나온 깨진 벽돌과 기왓장, 잘린 전선 등을 정표로 가져가셨다.

"이 집에서 자랐는데 제가 지금 여든 둘이에요. 저는 종로구 내수동에 살았고
학교는 이 근방에 이화여고를 다녔고, 기본을 갖추어서 지은 한옥집은 여기밖에 없을 거예요.
가을, 봄으로 수리를 이백만 원씩 들여 유지하며 살았던 집인데 이렇게 될 줄 알았다면
무너지든 비가 새건 비닐이나 덮고 살 것을 … 언제 가세요?
저는 너무 허전해서 어떤 분이라도 한 시간 만이라도 (이 집을) 더 지켜주셨으면 하는 마음에 여쭤봅니다."

형제집
홍파동 126-1, 126-2번지

멀리서 보면 한옥 한 켠에 2층 집을 올린 한 집으로 보이지만, 실은 서로 다른 골목에서 각자 대문으로 들어가는 두 집이다. 2층 일식주택 한가운데에 벽을 세워 공간을 반반 나누고, 양쪽에 고리를 만들 듯 ㄷ자 한옥 두 채를 짓고, 지붕을 하나로 이은 특이한 모양을 하고 있다. 자료를 보면 원래 126번지 하나의 필지를 1934년에 분필하여 126-1번지와 126-2번지 둘로 나누었으며, 당시 공동 소유자였던 형제가 기존의 일식주택에 비슷한 규모의 한옥 두 채를 붙여 지은 뒤 지금처럼 나누어 소유한 것으로 보인다.

비슷한 구조와 부재로 지어 벽을 맞대고 사는 형제와 같은 형제집의 흥미로운 관계는 실측조사와 도면화 과정에서 비로소 나타났다. 오래된 동네의 집들이 얼마나 다양한 모습으로 존재하는지, 조사와 연구가 왜 중요한지를 알려주는 중요한 사례이다.

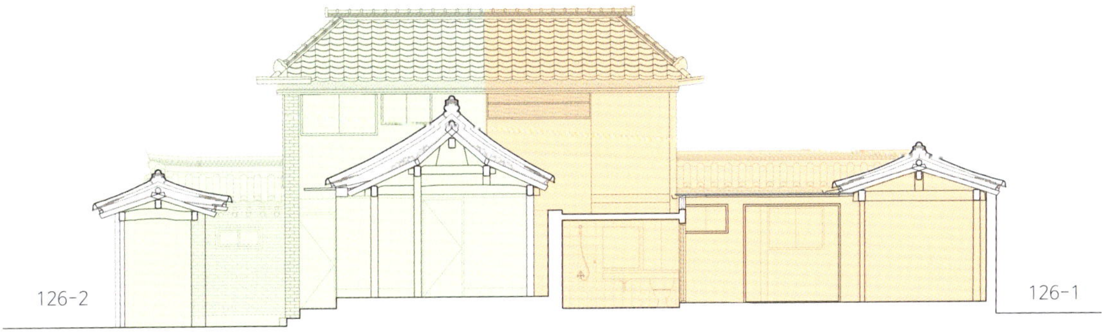

사라진 교남동과 11채 한옥

교남동 집들과 골목을 기록하는 동안에도 동네의 모습은 변해 갔다. 사람들이 떠나고 빈집들이 늘어나는 만큼 골목에는 잡초가 우거지고 쓰레기들이 쌓여 갔다. 어수선한 동네 한 켠에는 떠나지 못한 주민들이 살았고, 식당은 골목에 남아 장사를 이어갔다.

한편 기존 집들을 철거하고 근린공원으로 계획한 새문안 동네는 오래된 골목과 집들을 살리는 방향으로 마스터플랜이 수립되었다. 새 계획안에는 교남동 지역의 특징이 잘 나타나며, 부재가 온전하고 원형이 잘 남아 있는 집을 골라 새문안 동네 속에 이축하는 구상이 담겨 있었다.

신중한 선정 작업을 거쳐 11채의 한옥이 정해지고, 이축을 위한 실측조사와 해체작업이 이루어졌다. 사고석에 번호를 매기고 기와를 내려 서까래와 목구조를 파악하였다. 이축할 한옥들이 옮겨지는 사이 주변의 집들은 철거되어 황량한 땅을 드러내며 동네는 사라져갔다.

새문안 동네 계획이 바뀌면서 11채 한옥은 두 채만을 남긴 채 재활용 부재는 종로구 한옥철거자재은행으로 보내지고 나머지는 창고 밖에 야적되었다. 전시실에는 한때 교남동의 집들을 이루던 부재와 유물들을 가져다 놓았다.

교남동 현장 수집유물들

무궁화 홈통 장식
교북동 72번지

바닥 마감 타일
평동 41번지

마코Macaw 담뱃갑
홍파동 180번지

지붕 기와
교남동 91, 91-3번지

교남동에서 철거한 한옥 부재들

대청 종도리 장여 상량함에서 발견된 방울과 귀이개
평동 19번지

교남동, 돈의문 뉴타운의 원풍경

교남동이 뉴타운으로 지정되기 1년 전인 2002년 여름에 건너편 금화산의 가장 높은 곳, 금화시범아파트의 옥상에서 돈의문 밖 무악재 아래 동네들의 모습을 파노라마 사진으로 촬영하였다. 이 사진에 찍힌 삶의 자취들을 한 땀 한 땀 선으로 이어갔다. 이어진 선들은 이곳에 있던 무수히 많은 삶의 자취들을 증명하며 하나의 그림이 되었다.

2002. 8. 20.
이상구 촬영

한정전시실은 2층 건물입니다.
한정전시실 2층은 아지오전시실 2층과 구름다리로 연결됩니다.
아지오전시실에서 두 동네의 역사와 도시·건축 기록을 중심으로 보았다면,
한정전시실 2층에서는 새문안 동네 사람들 이야기에 보다 집중합니다.
1967년 과외를 받기 위해 동네를 거닐던 소년부터
1980년대 후반부터 이곳에 살던 새문안 동네 사람들의 삶의 기억들을 소개합니다.
한정전시실 1층에서는 골목골목 식당이 즐비하던 새문안 동네에서
현재의 돈의문 박물관 마을로 변하게 된 과정과 그 의미를 전시하고 있습니다.

한정
韓井

새문안 동네 변화와 사람들

새문안 동네의 변화
Transformation of Saemunan Village
新门内村庄的变化
セムンアン村の変化
방 이후 새문안 동네는 다양한 변화를 겪었다. 1960년대
터 주택가에는 주변에 위치한 명문 중고등학교를 가기 위한
외방이 하나, 둘 자리 잡기 시작했다. 이곳 과외방은 1980년
외금지법 시행과 강남 지역으로의 명문 고등학교 이전 등
부정책으로 인해 사라지게 될 때까지 30여 년간 서울의
표적인 사교육의 중심지였다.
80년 이후 과외방이 사라지게 되었지만, 한동안 도심 속
거지로서 큰 변화는 없었다. 과외방을 대여해주었던 곳은
래부터 살림집이었기 때문에 과외교사들이 떠나고 난 뒤에도
로운 주민들이 들어와 거주하였다.
러나 1980년대 중반 이후부터 주변에 큰 회사와 관공서가
어서면서 직장인을 대상으로 한 식당들이 많아지게 되었다.
육청 길을 따라 형성되었던 식당가는 점차 마을 골목 안쪽까지
출하여 2000년 경에는 마을의 대부분이 식당가가 되었다.
03년 동네는 돈의문 뉴타운으로 지정되었고, 2012년 관리처분
획이 인가되면서 사람들은 점차 마을을 떠나기 시작하였다.
4년에는 대다수의 식당들이 이주비와 영업 보상비를 받고
곳을 떠났다. 그중 일부는 현 위치에서 멀지 않은 곳에서
전히 식당을 운영하고 있다.
The village of Saemunan ('inside the new gate') underwent many transformations after Korea's liberation. Its residential areas became home to gwaoebang, or 'tutoring houses' for admission to the elite middle and high schools located nearby. The tutoring houses of the Sinmunno area represented Seoul's premier private educational hub until their disappearance as the elite high schools migrated to the Gangnam area and legislation prohibiting private tutoring was enacted in 1980.
The spaces left behind by the tutoring houses were soon occupied by restaurants: as the area became home to numerous large companies and government offices in the 1980s, the number of restaurants catering to workers increased. By 2000, the majority of the village consisted of restaurant areas.
In 2003, the village was designated as the 'Donuimun New Town'. With the 2012 approval of an administra-
disposal plan, people began to leave the area. By
most of the restaurants had vacated the area with
of relocation and compensation costs.

새문안 동네 지도
Map of Saemunan Village

새문안 동네 변화와 사람들

새문안 동네는 돈의문으로 들어오면 만나는 작고 오래된 동네였다. 1890년대 초 영국인 월터 힐리어 Walter Caine Hillier가 촬영한 사진에서 돈의문과 성곽, 경희궁 사이, 나지막한 언덕에 자리 잡은 옛 모습을 볼 수 있다. 초가와 기와집이 들어선 골목과 땅 모양을 추정해 지금과 비교해 보아도 큰 차이가 나지 않을 정도로 오래된 도시 조직이 잘 남아 있는 동네이다.

해방 이후 새문안 동네에는 다양한 양식의 집들이 들어섰다. 1930년대에 지은 도시한옥에서부터 일식 목조 주택과 해방 후 등장한 슬라브집, 현대의 콘크리트 건물들까지 크고 작은 건물들이 오래된 도시조직과 어울려 새문안 동네는 작은 시간의 섬을 이루게 되었다.

1960년대부터 동네의 주택가에는 주변에 위치한 명문 중고등학교를 가기 위한 과외방이 하나둘 자리 잡기 시작하였다. 이곳 과외방은 1980년 과외금지법 시행과 강남 지역으로의 명문 고등학교 이전 등 정부정책으로 인해 사라지게 될 때까지 30여 년간 서울의 대표적 사교육 중심지였다.

1980년 이후 과외방이 사라지게 되었지만, 한동안 도심 속 주거지로서 큰 변화는 없었다. 과외방을 대여해 주던 곳은 원래부터 살림집이었기 때문에 과외교사들이 떠나고 난 뒤에도 새로운 주민들이 들어와 거주하였다. 그러나 1980년대 중반 이후부터 주변에 큰 회사와 관공서가 들어서면서 직장인을 대상으로 한 식당들이 많아지게 되었다. 교육청 길을 따라 형성된 식당가는 점차 마을 골목 안쪽까지 진출하여 2000년경에는 마을의 대부분이 식당가가 되었다.

2003년 동네는 돈의문 뉴타운으로 지정되었고, 2012년 관리 처분 계획이 인가되면서 사람들은 점차 마을을 떠나기 시작하였다. 2014년에는 대다수의 식당들이 이주비와 영업 보상비를 받고 이곳을 떠났다. 그중 일부는 현 위치에서 멀지 않은 곳에서 여전히 식당을 운영하고 있다.

1890년대 초 | 월터 힐리어 촬영

2018 | 최인호 촬영

과외방 밀집지

1960년대부터 1980년까지 새문안 동네는 서울의 대표적 과외방 밀집지역으로 유명하였다. 동네 주변에는 덕수초, 경기중, 서울고, 경기여고, 경기고 등 명문학교가 위치하고 있었으며, 광화문과 종로2가 일대는 주요한 입시학원들이 있었기 때문에 사교육의 중심지였다. 1976년 교육청 조사에 따르면 새문안 동네를 비롯한 광화문, 종로 일대에 800여 개소의 과외방이 있는 것으로 밝혀졌다. 과외방은 주로 주택의 남는 방 한두 칸을 빌려 사용하였다. 학교 교실과 같이 칠판, 책상, 의자를 갖추고, 10인 이내의 그룹과외 형태로 진행하였다. 1968년 중학교 입학 무시험제가 실시되기 이전까지는 명문 중학교 입학시험을 위한 과외가 주류였으며, 그 이후에는 고입과 대입 준비를 위한 과외가 성행하였다. 1976년 경기고등학교의 삼성동 이전을 시작으로 주변의 명문 고등학교들은 강남으로 학교를 옮겼다. 그리고 1980년 7월 30일에는 '교육 정상화 및 과열과외 해소방안'이 발표되어 모든 연령대의 과외 수업과 고등학생의 과외 교습 및 입시목적의 학원수강이 금지되면서 대다수의 과외방은 자취를 감추게 되었다.

"애들 교육 때문에 덕수국민학교 넣으려고 신문로로 이사갔어요.
다른 동에 살다가."

최영옥(1939년생)

모범중학입시와 수험서들
模範中學入試

1962 | 20.3×15.3

중학교 입학시험을 준비하는
초등학생을 위한 참고서이다.
책머리에 1962년도 전국 중학교
수석 합격자 명단이 수록되어 있다.

광화문 주변 학교·학원 배치도 | 1970년대

"이 당시에는 사대문 안에 좋은 초등학교, 중고등학교가 지금 딱 신문로하고 종로2가 사이에 다 있었거든요.
초등학교는 덕수국민학교! 이 학교가 공립학교지만 경기중학교 제일 많이 들어간 학교예요.
고 안에 쫌 들어가면 오른쪽에 경기여중이 있었고.
고개 넘어가면 정동교회 나오고 이화여고 나오고 배재고등학교 나오고 그랬잖아.…
그 다음에 중학교를 따져보면 경기중학교가 번지가 화동 1번지예요. 지금 정독도서관인가?
그게 옛날 경기중고등학교 자리구요. 나는 중앙중고등학교를 나왔는데 계동 골목 1번지가 중앙고등학교예요.
골목 밑에 지금 현대사옥 있는 데가 휘문고등학교였고, 가회동에는 창덕여고 있었고,
좀 더 옆에는 풍문여고 있었고… 학교가 다 거기 있었어요. 다 거기 있었다구요."

진광준(1955년생)

과외방 이야기

진광준(1955년생)은 초등학교 6학년 때인 1967년 3월부터 12월까지 약 1년간 새문안 동네 과외방에서 경기중학교 입학시험을 위한 과외를 받았다. 경기중학교 입시를 위해 10개월간 모든 교과서를 외우고 방학 때는 합숙훈련까지 하였지만 경기중학교에 붙지 못하였다. 중앙중·고등학교를 다닌 뒤 한양대학교 의과대학에 진학하였다. 현재 광진구에서 진광준 외과의원을 운영하고 있다.

'경기'를 향한 애들의 과외방은 여기 다 있다 보면 돼요.

6학년이 딱 됐는데 이모 친척뻘 되는 사람이 여기 학원선생 중 한 명이었어요. 그 선생님한테 우리 이모가 얘기를 했나 봐요. 내 얘기. 여기 남대문 국민학교에선 공부 잘한다 하는데, 경기중학교 가고 싶어 하는데 어떡하면 좋겠냐고 그랬더니 자기한테 보내라고. 그때 과외비가 3,500원이었어요. 그때 버스가 한 번 타는 데 2원이었어요. … 그래서 가게 됐는데 가보니깐 이건 완전히 과외 천지인 거예요 완전히. 팀들이 수없이 많아요. 하여간 그 동네가 덕수국민학교, 수송국민학교, 미동국민학교 다 둘러싸인 동네라서 이 '경기(중학교)'를 향한 애들의 과외방은 여기 다 있다 보면 돼요.

과목마다 전공이 따로 있어요.

(과외방은) 칠판이 걸려 있고, 선생님 의자가 딱 있고, (학생은) 10명이니깐 한 명씩 앉았을 거예요. 다 이렇게 생겼어요. 나무 책상은 학교 다니던 책상이랑 비슷해요. 우리는 방에 그대로 있고. 근데 여기 있는 사람들은 팀들이 많단 말이에요. 그럼 국어만 전공한 선생님들 따로 있고 과목마다 전공이 따로 있어요. 자기 담임 10명에 대한 책임은 지는데, 시간별로 국어시간에는 국어 선생님이 와요. 우리는 그냥 그 방에 있고. 산수 시간에는 산수선생님이 와요. 그 초등학교 때 과목별로 선생들이 달랐다고. 그것만 하더라도 대단하지 않아요? 과외방이 오밀조밀 모여 있으니깐. 우리 국어시간 끝나면 이 선생님은 국어 가리키고 딴 집으로 가요. 국어 수업이 있는 집으로. 우리가 사회 시간이다 하면 사회 선생님이 와요. 그렇게 했다니깐요.

모든 과목이 다 전 과목이 다 새까매요.

이게 지금 생각하면 공부도 아녜요. 어떤 스타일의 공부냐면, 하여간 학교를 가도 데일리 시험을 보고 과외를 가도 데일리 시험을 봐요. 왜냐면 월요일날은 국어, 그때는 국어, 산수, 사회, 자연 나중에 음악, 미술, 실과를 한꺼번에 합쳐서 다섯 과목이잖아요. 월요일날은 국어. 화요일날은 산수, 사회, 자연 금요일날은 음악, 미술, 실과 한번. 학교에서 시험 보는 건 50문제씩이에요. 전부 다 사지선다형이고. 과외에서 시험 보는 건 입시에서 똑같아요. 한 과목당 33문제. 그렇게 시험 보는데 학교에서는 50문제 풀 때는 시간 많이 걸리고 33문제 풀 때는 짧을 거 같죠? 근데 둘 다 10분도 안 걸려요. 어느 정도로 공부... 뭘 시키냐면은 처음부터 가서 공부하는 게 난 참 지금 생각해도 한심한 게 책이 누구든지 똑같은 책 2권씩이에요. 국어책 2권 다 2권씩이에요. 그러면 첨부터 10명이니까 "진광준 1페이지 읽어!" 하면 읽어요. 다 써 있잖아. 글씨도 다 있고. 그럼 하루하루 지나면서 처음엔 토시만 지워요. 까만색 연필로. 하여간 조사가 있으면 은, 는, 에, 가 이런 거만 지워요. 명사, 주어 이런 거만 남겨 놓고. 그럼 책이 점점 까매질거 아녜요. 그럼 2학기 때쯤 되면은 책이 까매요. 하여간 새카맣게 다 칠해져 있어요. 그럼 인자 손도 안 댄 책은 원본은 하나 있고. 학원 딱 가면 "진광준 국어책 1페이지 읽어" 그러면 요걸 딱 드는데 새카만데 읽어요. 여기 안 보고 읽는다니깐. 다 외워진 거야. 그게 국어뿐만이 아니라 모든 과목이 다 전 과목이 다 새까매요. 그걸 애들이 다 외워요. 음악 같은 경우에는 그래프에 오선지 그려놓고 뭐 조금 빠르게 푸르테 써 있는 거 많잖아요. 조금 느리게 그런 거까지 다 그려내요. 지금도 기억나는 게 음악의 1과가 대한의 노래였어요. 두 번째가 옹딜셈이고 세 번째가 봄이 오면 그랬을 거예요. 그면 "대한의 노래 그려!" 그러면 대한의 노래 딱 쓰고 애들이 오선지에다 그래프 그림 다 그리고 거기 있는 부호 같은 거 다 써놔요. 왜 그렇게밖에 할 수 없냐면 문제가 개떡 같은 거야 이게. 음악 시험이 옹달샘에서 한 소절이 쭉 있잖아요. 그면 한 네 칸으로 나눠져 있으면 세 칸은 그려놓고 세 번째 칸에서 비워져 있고 네 번째 칸은 그려져 있어. 여기에 맞는 거는? 1,2,3,4중에 뭐냐? 그면 그거를 맞힐래면 그걸 다 그려내지 못하면 못 맞히는 거예요. 그런 공부를 시키는 거예요. 그니깐 나중에는 애들이 시험 보는 시간이 공부하는 방식이 무조건 다 외우니까 뭘 어떤 걸 갖다 놓더라도 다 쓸 거 아녜요.

중학교 시험 마지막 본 세대예요. 내가.

이 동네는 중학교 시험 때 과외방 하고 이게 사라진 게 언제 사라졌냐면 내 친구들이 재수한 놈들이 있어요. 그때는 중학교 때 재수한 놈들이 있었거든요. 경기 떨어지면 2차 중앙 갈 것이냐 재수할 것이냐 판단한다고요. 그래서 재수한다고 판단한 애들이 있어요. 근데 우리는 이제 난 중학교 1학년 됐잖아요. 그 해 8월 달에 교육부에서 발표를 했어요. 중학교 무시험제! 재수한 놈들은 가슴을 치는 거야. 내가 8월달까지 뭐냐 이거야 빵빵이 돌리는데. 그래서 그 해부터 과외방이 없어진 거죠. 필요가 없잖아요. 중학교 추첨제가 되면서 과외방이 날아간 거예요. 마지막 타자예요. 중학교 시험 마지막 본 사람이야 우리 세대가. 베이비붐 세대라 하면 한 55년도부터죠? 제가 베이비붐 세대 1세대고, 중학교 시험 마지막 본 세대고, 그래요 내가.

아이템풀 예비고사 연구회

1980년 과외금지법이 강력하게 시행되자 과외방은 자취를 감추었고 기존 출판사에서 학원 강사와 전직 과외 교사들로 편집팀을 꾸려 30여 종이 넘는 가정학습지가 발간되었다. 1980년 중반부터는 입시문제가 문제은행 방식으로 출제되는 것에서 착안하여 배달학습지가 새롭게 유행하였다. 기존의 학습지가 초등학생을 대상으로 한 1일 학습지 형태였다면, 이 시기에 등장한 학습지는 중·고생으로 대상을 확대하여 1일 혹은 1주일치 분량의 모의고사 문제지를 봉투에 넣어 우편으로 배달되었다. 문제지를 먼저 배달한 후 시간차를 두고 풀이집을 제공하거나 강의 풀이내용을 녹음한 카세트테이프를 제공하는 학습지 회사도 있었다.

당시 유명한 배달학습지 회사 중 하나인 아이템풀 예비고사 연구회가 새문안 동네인 신문로2가 37번지(현 돈의문전시관 교육관)에 본사를 두고 운영하였다.

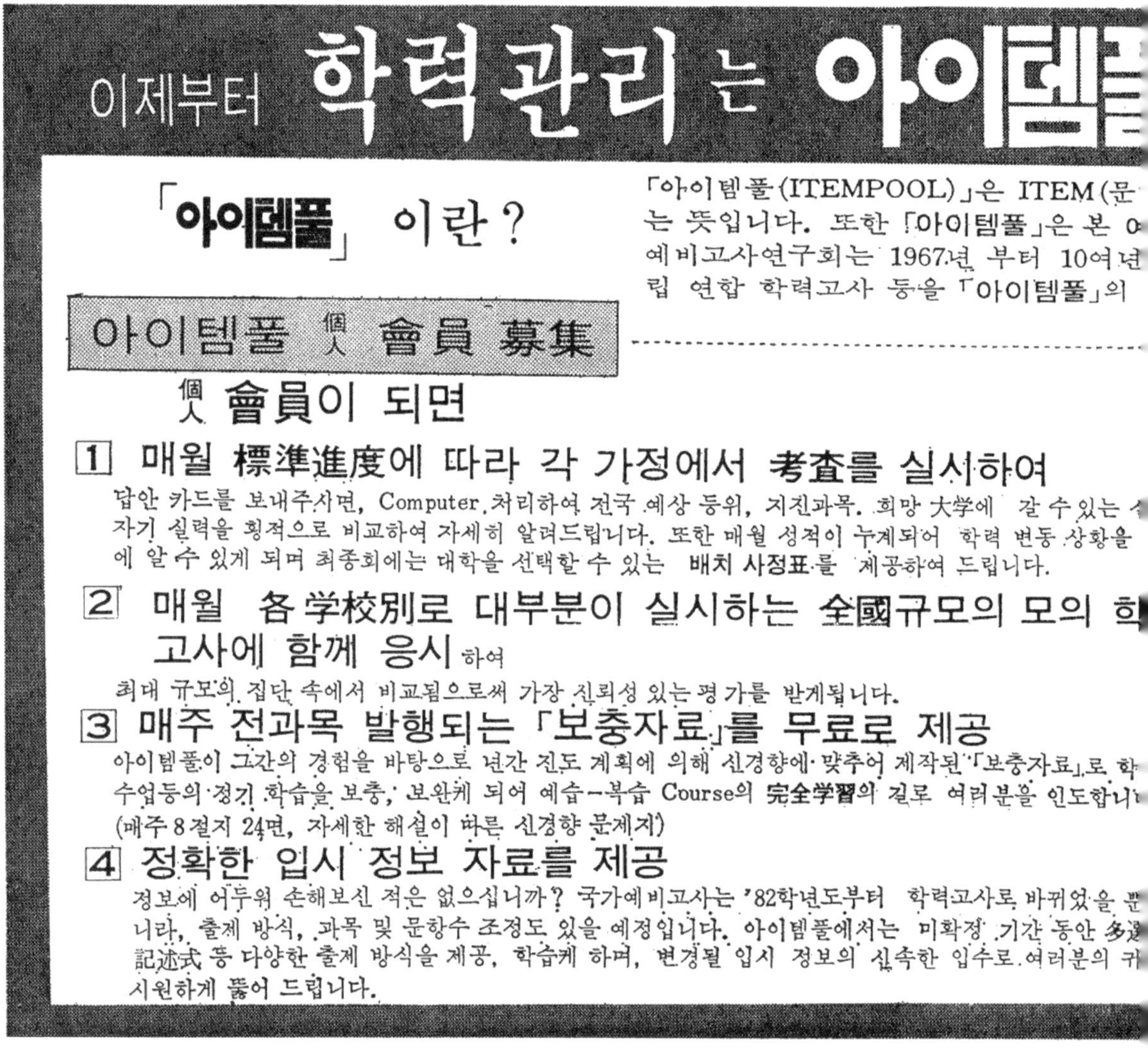

"80년도에는 가정집을 책방으로 썼었어.
바로 옆에가 아이템풀. 우리 아들이 아이템풀 학원에 다녔었어.
아이템풀에서 애들 가르친다 해 가지고 좀 다녔어.
초등학교 안 들어가서 다녔는가 초등학교 2학년때 다녔는가 생각이 안 나네.
책 팔았으니깐 아이템풀 책을. 그때 당시엔 식당이 아니었어.
95년인가 96년도에 식당으로 했을 거야. 그 전 80년대에는 책방이었어.
내가 배달 와서 알거든. 1~2층 다 책방이었어. 직원들도 많았어."

한소임(안동회관 운영)

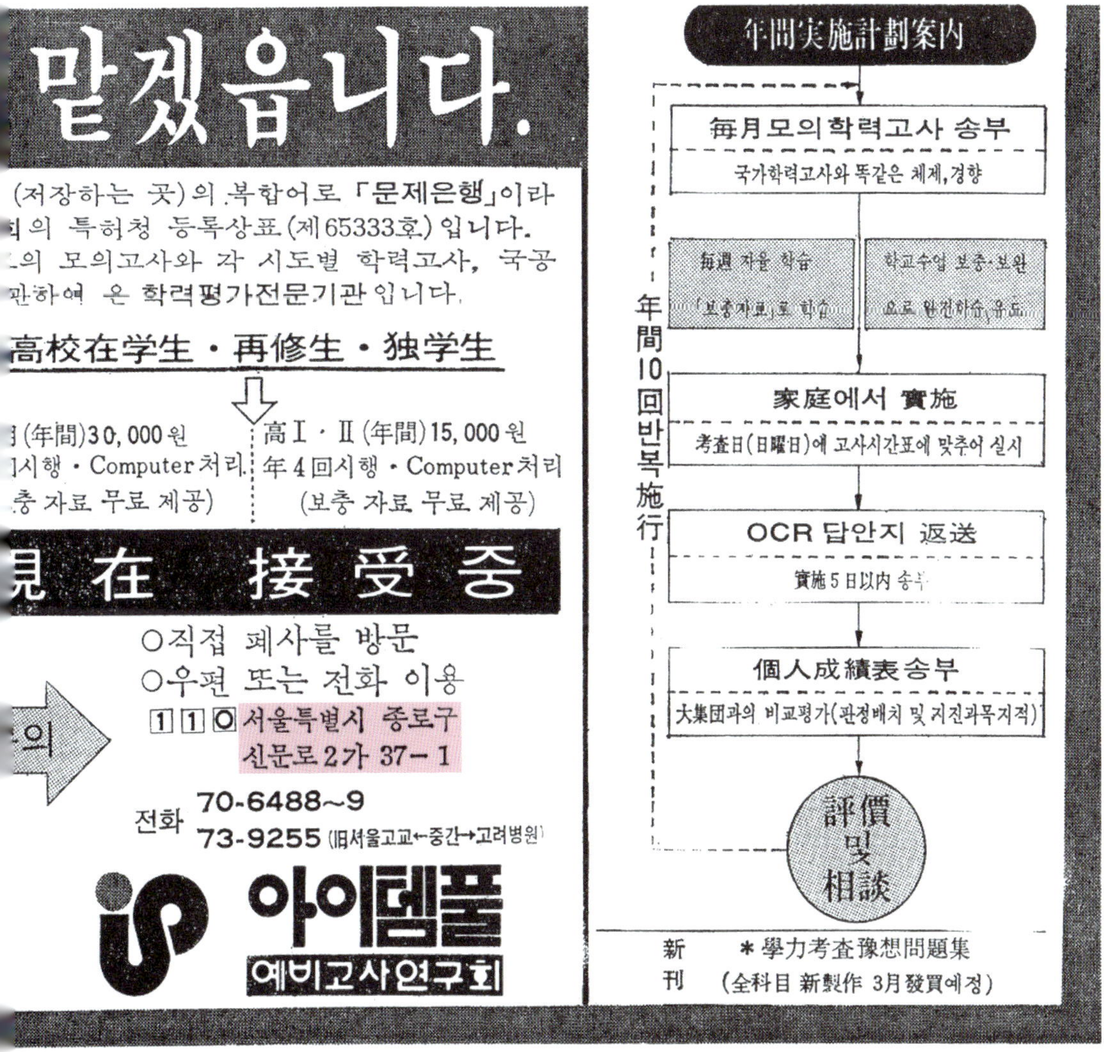

《동아일보》 1981.2.9.

골목으로 들어온 식당

1980년대 중반부터 새문안 동네에는 주변 대기업, 관공서, 병원 등의 직장인과 방문객을 대상으로 한 식당가가 들어서게 되었다. 초창기에는 교육청 가로변에 식당들이 주로 위치하였다. 1980년대 후반 경제성장기를 거치면서 식당가는 활기를 띠었고, 동시에 임대료도 높아졌다. 1990년을 즈음해 가로변의 식당 중 일부가 골목 안의 주택을 구입해서 식당을 옮기기 시작하였다. 살림집으로는 집값이 싼 편이 아니었지만, 식당 건물로 쓰기에는 비싼 가격도 아니었다. 또한 몇 년간 식당을 운영하면서 어느 정도의 단골손님을 확보한 데다가 주거용으로 쓰던 건물을 개조하면 권리금을 내지 않아도 되는 이점이 있어 하나둘 그 수가 늘어갔다.

원래 살던 동네 주민들은 주변 환경이 도심지와 식당가로 변하면서 점차 다른 지역으로 떠나게 되었고, 그 빈자리에 식당들이 들어섰다. 1990년대 말에는 신문로 2구역(현 흥국생명 주변)에 있던 식당들이 개발을 피해 옮겨오면서 2000년대에는 마을의 90%가 식당으로 운영되었다.

> "88년돈가 몇 년도부터 가게들이 생기기 시작한 거 같아.
> 인자 왜 많아졌냐 하면은 회사가 많이 들어서고 또 그때 당시
> 막 88올림픽 끝나니깐 회사들도 괜찮고 그러니깐 골목에 음식점이 많이 생긴 거 같아.
> 요쪽에는 음식장사가 없었고 그쪽(7번지 일대)에 골목에는 한 몇 집 안 있었거든.
> 한 두어 집 있었나. 90년도부터 많이 생긴 거 같애. 내가 보기엔."
>
> 한소임(안동회관 운영)

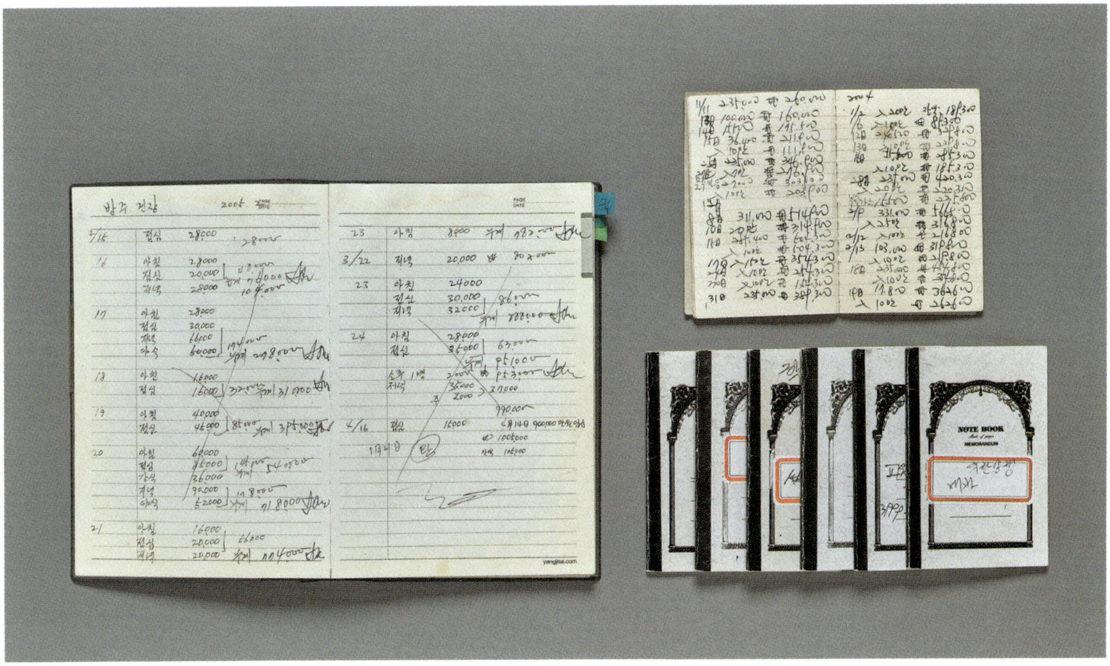

식당 장부

2016년 2월 11~12일 1층 카운터에서 각각 수집

한양삼계탕(7-4번지), 연정가(32-1번지),
은성부대찌개(7-17번지) 등에서 사용하던 장부이다.
인근 회사들은 단골 식당 장부에 기록하고 월 단위로 대금을 정산하였다.

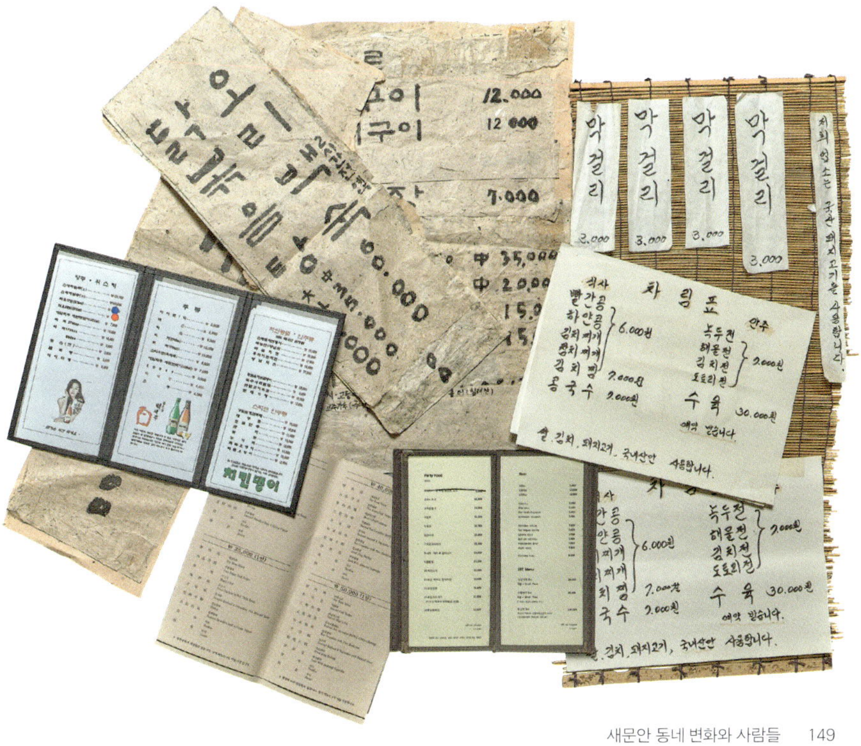

메뉴판

2016년 1월 13~14일, 2월 2일
지하1층~1층에서 각각 수집

미래향(7-22번지),
빨간콩하얀콩(22-3번지),
경희마루(23-2번지),
BIS(27-29번지),
치킨뱅이(4-3번지)에서
사용한 메뉴판이다.

새문안 동네 골목 지도

돈의문 박물관 마을로 변화되기 전 새문안 동네의 모습을 그린 지도이다. 성곽 터를 따라 들어선 옛 유한양행 본사, 골목 안의 서대문여관, 현재는 돈의문전시관이 된 아지오와 한정, 그리고 식당들이 즐비하던 한옥 골목 등을 표현하였다.

현대제철
(옛 유한양행)
하나약국
성곽
은행나무
치킨뱅이
삼정바로약국
커피와 쟁이
미래향
고시텔
30년대 지적도길
다미락
진미식당
굿모닝의료기
장수
사무실
황우
풍미추어탕
은성
미가
복터진
대구탕
대복
신라장모텔
메디칼약국
서울
곰탕
제주오름집
문화칼국수
목련
한양삼계탕
머조
토방
무진장
아지오

아지오AGIO

신문로2가 7-33, 34-2번지 ———— 새문안로 35-54, 35-52

아지오는 많은 사람들이 찾는 새문안 동네의 명소 중 한 곳이었다. 아지오는 신문로2가 7-33번지와 34-2번지 이웃한 두 필지의 집들을 연결해서 하나로 사용하던 음식점이었다. '앤티크 인테리어' 전문가인 부부가 만들어 운영하던 이탈리안 레스토랑이어서 오래된 가구와 소품들로 꾸며진 실내는 시간의 층들이 쌓인 새문안 동네 골목과 어우러져 차분하면서도 아늑한 분위기의 공간이었다.

아지오는 새문안 동네 골목 안쪽 가장 깊숙한 곳에 위치해 있었다. 서쪽 강북삼성병원 방향에서 오면 옛 도성 안팎 경계의 흔적인 듯한 몇 단의 계단을 올라 자연스럽게 오르막에서 내리막으로 바뀌는 긴 한옥골목 끝에서 마주하게 되는 대문이 인상적인 2층 집이었다. 어둑한 저녁 남쪽 신문로 큰길에서 가려면 가파른 계단을 올라 몇 채의 2층 집들을 지나서 깜깜한 골목 끝을 밝히고 있는 대문 위 동그란 전등이 반가운 집이기도 하였다. 또한 맑고 밝은 낮 2층에 올라 커다란 북쪽 유리창 밖을 내다보면 복원된 경희궁 전각 지붕 위로 인왕산과 백악산의 능선이 한눈에 들어오는 묘하게 여러 시간의 층들이 마주치는 느낌의 장소였다.

"현대적이고 화려한 이미지는 금방 싫증이 나지요.
그러나 과거에 대한 향수와 자연미를
그대로 살린 공간은 나이에 관계없이 좋아하게 됩니다.
마치 조용필의 노래처럼 누구나
오랫동안 좋아할 수 있는
그런 카페를 만들고 싶었어요."

《경향신문》 1997.5.22.

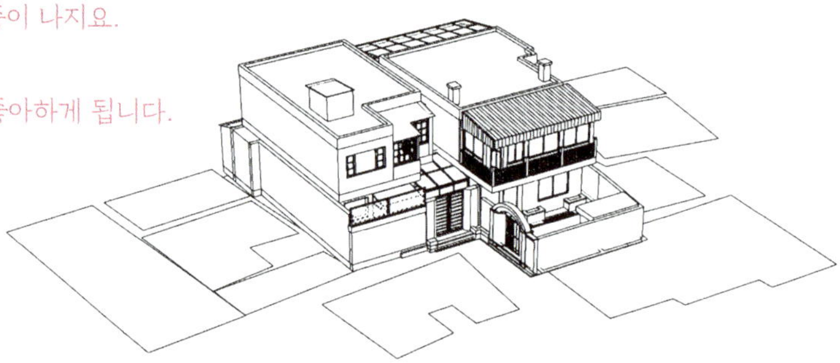

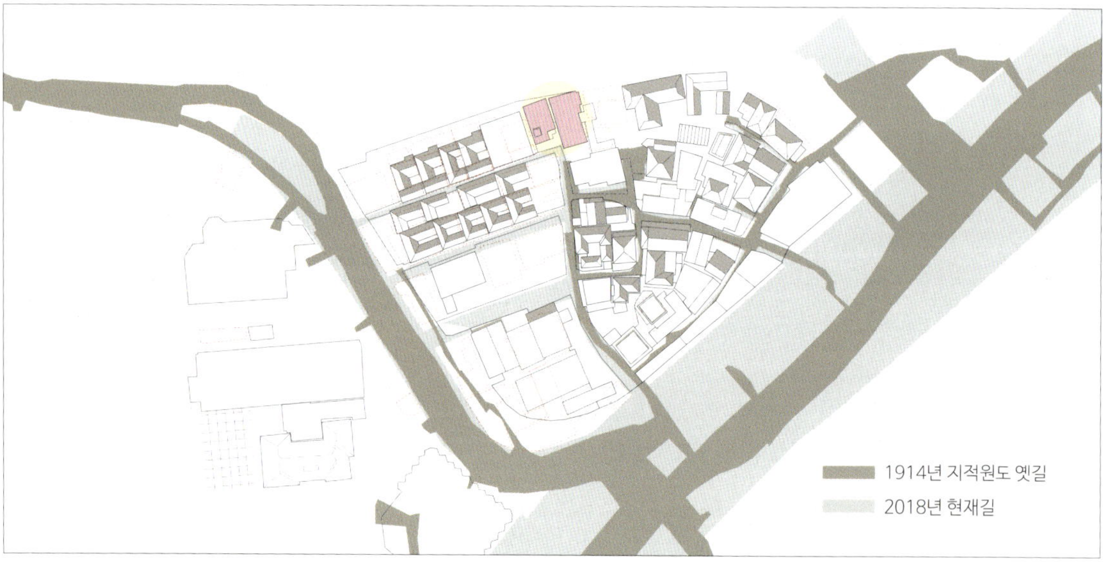

「아지오」의 김영한·강지영부부. 자연채광과 공간을 중
요시한다는 그는 가정집을 골라 카페로 개조하는 인테
리어 전문가로 유명하다.

기품있고 아늑한 '오래된 집' '고물'로 꾸민 카페

'앤티크 인테리어' 전문가 김영한·강지영 부부

두사람이 만든 카페만 30개. 주인은 바뀌었지만 '골동품'으로 장식한 분위기는 모두 같다. 50년대 선풍기·70년된 화장대…. 누구나 오랫동안 좋아할 수 있는 공간이다. '앤티크 카페' 붐을 선도하는 두사람.

신문로에서 카페 「아지오」를 운영하고 있는 김영한·강지영부부. 두사람은 업계에 카페 인테리어 전문가로 더 잘 알려져 있다. 이들의 인테리어 특징은 「오래된 집같이 기품있고 아늑하면서 싫증나지 않는 이탈리아풍 공간」.

50년대에 사용하던 구식 선풍기와 라디오, 70년된 체리나무 화장대, 삑삑 소리가 나는 영국제 축음기 등 앤티크(골동품·고물)풍의 소품들로 실내를 장식한다. 따라서 화려하지는 않지만 세련미가 있다.

지금까지 두사람이 만든 카페는 무려 30여개. 서울 대학로, 돈암동, 압구정동의 「스파비」, 중구 정동의 「비스」, 송파구 신천의 「베이스캠프」 등을 개업해 직접 운영했다. 이중 하나도 실패한 것이 없다. 현재는 모두 다른 사람에게 넘기고 아지오만 운영하고 있다.

카페를 열면서 이들이 신경을 쓰는 것은 인테리어만이 아니다. 위치선정과 내부수리, 전기·배관 공사 등을 모두 직접 한다. 의자와 소파도 직접 만든다.

김씨는 국제패션연구원 출신의 패션디자이너. 강씨는 상명여대 일문과 출신이다. 김씨는 대기업체에 근무하며 상품디자인부터 판매까지 책임지는 머천다이저로 활동했다. 어릴 때부터 손재주가 남달랐던 그는 영화에 나오는 멋진 카페를 꾸며보고 싶어 틈틈이 카페를 관찰하고 인테리어를 공부했다.

86년 숙대 앞에 카페 「객석」을 만든 것이 첫번째 작업. 강씨는 90년 친구 소개로 알게된 김씨의 조언만 듣고 한성대앞에 「디자이너스」라는 카페를 만들었다.

『외국의 수준높은 패션작품을 보면서 디자이너로서 콤플렉스를 느꼈죠. 당시에는 유학을 갈 형편이 못됐습니다. 아내와 뜻을 합쳐 좋은 카페를 만들어보자고 나섰죠. 누구나 좋아할 수 있는 「FM적인」 카페를 만들어보자는 바람이었습니다』

이탈리아풍의 카페를 만들기로 한 것은 부인 강씨의 아이디어. 91년부터 2년 동안 일본에 유학한 강씨는 일본에서 유럽풍의 카페가 인기를 끄는 것에 착안했다.

처음에는 어려움이 많았다. 김씨는 목재다루는 법부터 벽돌쌓는 법까지 외서를 찾아 독파하면서 하나씩 배워나갔다. 벽, 창틀, 마룻바닥 등 쉬운 작업이 없었다. 마음에 드는 가구가 없어 만들기로 했다.

『현대적이고 화려한 이미지는 금방 싫증이 나지요. 그러나 과거에 대한 향수와 자연미를 그대로 살린 공간은 나이에 관계없이 좋아하게 됩니다. 마치 조용필의 노래처럼 누구나 오랫동안 좋아할 수 있는 그런 카페를 만들고 싶었어요』

김씨는 「헌집같은」 벽을 만들기 위해 흰색 시멘트와 접착제, 왕모래를 섞어 2번 이상 거칠게 미장을 한다. 창틀도 첫 페인트칠을 한 뒤 사포로 닦아내고 다시 2~3차례이상 칠을 반복한다.

김씨는 또 고풍스런 분위기를 내기 위해 전국을 다니며 헌집을 철거할 때 나오는 오래된 목재를 구하기도 한다. 아지오의 벽면에 쓰인 목재는 중앙청을 철거할 때 「비싼 값」을 주고 사들인 것들이다. 못자국이 있고 때가 끼어야 예스러운 분위기가 살기 때문이다.

김씨는 특히 앤티크 소품에 일가견이 있다. 어린시절에도 할머니가 쓰던 잡다한 물건들을 버리지 않고 모았다고 한다. 요즘은 시간이 날 때마다 국내외의 벼룩시장을 돌며 옛날 물건들을 찾아다닌단다.

그렇게 모은 골동품은 영국왕실에서 쓰는 빵커터기, 초창기 원통형 타자기 등 수천점에 달한다. 스위스 대사관 직원에게 사정해 100년이 넘는 오크장을 구입하기도 했다.

『요즘은 많이 나아졌지만 아직도 국내에는 생활용 골동품 시장이 제대로 형성돼 있지 않습니다. 찾아다니면 값만 비싸지요. 그러나 앞으로 몇년안에 우리나라에도 제대로 된 골동품시장이나 「앤티크 인테리어」붐이 일어날 겁니다』

김씨부부는 그동안의 경험을 살려 내년부터 청평 유명산에 일반인을 위한 인테리어학교를 열 계획이다. 10여만원 정도의 실비로 앤티크풍의 탁자와 의자 등을 직접 만들어 자신이 가질 수 있는 프로그램으로 운영할 예정이다.

김씨는 대부분의 카페를 다른 사람에게 넘겼지만 팔기 위해 만들거나 인테리어를 한 적은 거의 없다고 한다. 현재 운영중인 아지오도 직원 중에 적임자를 찾아 넘겨줄 생각이다. 앞으로는 탁자 7~8개의 조그만 카페를 운영할 계획이다. 김씨부부는 대를 이어 찾을 수 있는 「카페 만들기」를 꿈으로 삼고 있다.

글 최병준/사진 권혁재기자

「아지오」에 전시돼있는 골동품 가구. 국내외 벼룩시장에서 하나 둘씩 수집한 것들이다.

'앤티크' 구입땐 사전지식 갖춰야

비싸도 부담·너무싸도 흠
가격 천차만별
전문서 읽고 시장조사 필수

국내에서도 앤티크에 대한 관심이 높아지고 있다.

영국에는 앤티크 전문학교가 있고, 일본에도 이미 앤티크 수집이 일반화돼 있다. 최근들어 국내에도 앤티크 전문숍이 하나 둘씩 문을 열고 있다. 김영한씨는 앞으로 앤티크시장이 유망직종으로 떠오를 것이라고 전망한다.

현재 가장 오래된 국내 앤티크시장이라고 할 수 있는 곳은 황학동 벼룩시장과 인사동의 골동품 상가. 강남의 압구정동 일대에는 몇년전부터 5~6개의 전문숍들이 문을 열었다. 기계류와 악기류가 많은 도곡동 「걸리버 여행기」(02-567-0304), 시가커터 등 주로 소품을 판매하는 신사동 「씨모」(02-544-6485), 카페 인테리어를 취급하는 「산타페」(02-549-2008) 등이 유명하다.

앤티크의 가격은 천차만별. 고가제품은 수백만원을 호가한다. 하지만 무작정 앤티크를 구입하면 손해를 보기 쉽다. 우선 앤티크에 대한 지식을 갖춰야 한다. 외국서적 등에는 앤티크 연감, 경매품, 특성을 알 수 있는 전문서적이 많다. 다음은 가격을 비교하기 위해 시장을 샅샅이 훑어봐야 한다. 오래된 것이라고 다 좋은 것은 아니다. 예를 들어 라디오에서도 채널을 돌리는 방법과 진공관식 등 특징 및 스타일을 따져보아야 할 것이 많다. 김씨는 또 값이 싸다고 모조품을 사면 후회하게 된다고 강조한다. 앤티크로서 가치가 없을뿐 아니라 「반드시 싫증이 나게 돼있다」는 것이다.

취미를 붙이는 것도 중요하다. 소품, 액세서리, 가구 등 자신이 좋아하는 분야의 수집품부터 모으는 것이 좋다. 집안의 소품 인테리어로 사용할 경우에는 전체 분위기를 생각해야 한다. 집안 전체를 하기가 어려우면 작은 방 하나를 앤티크풍으로 꾸미는 것이 효과적이다. 집안에 기품있고 아늑한 휴식공간이 있다는 것도 큰 위안이 될 것이다.

한정韓井

신문로2가 33번지 ———————— 새문안로 35-50

1965년 가정집으로 지어진 건물에서 한정 식당은 1990년부터 2015년까지 25년간 운영되었다. 1층은 기존의 방을 그대로 활용하였으며, 2층은 단체 손님을 위해 넓게 확장하여 사용하였다. 영업을 마친 뒤에는 거주 용도로도 사용하였기 때문에 안방의 경우에는 살림살이와 식당 물품이 공존하고 있었다. 사람들의 접근이 쉽도록 집만큼 높았던 담장을 낮추었으며 매년 장판과 도배를 새로 하였다고 한다.
식당 마당을 꾸미던 괴석은 경희궁의 흔적으로 밝혀져 2015년 서울역사박물관에 기증되었다. 2018년 4월 이곳은 돈의문전시관의 한정전시실이 되었고, 경희궁 괴석은 아지오전시실 1층에서 볼 수 있다.

"이게 전부 다 유명한 사람들이 집을 지어 갖고요 특이해요.
석조도 전문가들이 보고 진짜 유명한 사람들이 이 석조를 했다는 거야.
저 위에서 끝에리까지가 한 장이야. 도중에 잇고 그러지도 않았어.
한 장짜리야. 이렇게 긴 것을 갖다가 그대로 하고.
문짝도 전부 그때 헌 건데 지금 그대로 우리가 갖고 써요."

김유진(한정 운영)

"(마당에 있는 나무가) 250년
되었다고 하더라고
서울 장안에 몇 그루 없대.
윤보선 대통령 생가 같은
큰 집에나 있는 나무인데,
당시에는 권력자가 집을 지었기 때문에
이게 가능했다는 거지."

이재일(한정 운영)

철거 후 현관 모습 | 2016

현관에 있던 신발장을 철거하니
원래 집을 꾸몄을
분홍색 타일이 나타났다.
현관 분홍색 타일은 그대로
한정전시실에서 전시 중이다.

한정 현관 모습 | 2015

문화칼국수

신문로2가 7-7번지 ———— 송월길 20-3

김재성 씨는 형수님에게 북창동 칼국수집의 기술을 배워 1980년에 식당 문을 열었다. 주 고객층은 문화방송국(현 MBC)과 광고회사, 고려병원(현 강북삼성병원)의 손님들이었다. 상호를 문화칼국수로 지은 것도 문화방송국 인근이었기 때문이다.

신문로2가에서 칼국수 가게를 시작한 8년 동안 장사가 꽤 잘 되는 편이었다. 장사가 잘 되자 집주인이 가겟세를 자꾸 올리려고 해서 다른 곳으로 가려고 하였다. 하지만 낯선 곳에서 새롭게 자리 잡기보다는 익숙한 신문로 일대가 낫겠다는 생각에 골목 안 7-7번지로 이주하였고, 가게 한 켠에 살림집을 마련해 살았다. 1988년 하숙집을 운영하던 한옥을 구입하여 개조한 뒤 1989년부터 다시 영업을 시작하였다. 김재성 씨가 처음 이곳으로 이주할 당시만 해도 식당이 하나도 없는 주택가였다고 한다. 손님이 드물지 않을까 하는 우려도 하였지만 오히려 일부러 찾아오는 단골손님이 많아졌다. 구석진 골목에 있는 유일한 식당이었기 때문에 멀리서 오는 손님들을 보고 개수를 미리 헤아려 국수를 삶아 바로 준비하곤 하였다.

"그때는 일반적으로 쌌어요. 장사촌도 아니고 도로에서 좀 떨어져 들어갔고.
그래 우리가 장사하면서 앞의 저 길 건너 흥국생명 개발되기 전인데 거기 개발하면서
장사 조금하던 사람이 헐리게 되니까 우리 동네에도 몇 사람 왔고.
우리가 처음 오픈하니까 인저 한 집, 두 집 사서 하고 그때 장사가 시작된 거야."
그래서 내가 원조라는 거야.

김재성(문화칼국수 운영)

한양삼계탕

신문로2가 7-4번지 ——— 송월길 20-11

한양삼계탕 건물은 1930년대 조성된 도시한옥을 1961년 증축하여 주택으로 이용하다 1991년부터 식당으로 운영되었다. 이 건물에서 보쌈, 홍어와 모둠전을 파는 서라벌보쌈 식당이 10년 넘게 운영되었다. 지귀봉, 권금순 부부는 원래 송월동에서 식당을 운영하다 월암공원의 조성으로 주변 식당들이 철거되던 때 새문안 동네로 이주해 왔다. 2009년 전후부터 2015년까지 한양삼계탕을 운영하였다. 주방의 아궁이와 선반은 주인 아주머니의 아담한 키에 맞춰 설계한 맞춤 주방이었다.
돈의문 박물관 마을을 조성하면서 한양삼계탕과 그 옆 무진장 식당 두 건물을 헐어 다른 용도로 사용할 계획이었다. 그러나 발굴조사 결과 경희궁 남측 궁장이 최초 발견되어 원형 그대로 보존하였다. 2018년 이곳은 돈의문전시관의 유적전시실이 되었다.

"아궁이, 선반은 주방을 담당하는 아내의 키에 맞추어서 만들었지."

지귀봉(한양삼계탕 운영)

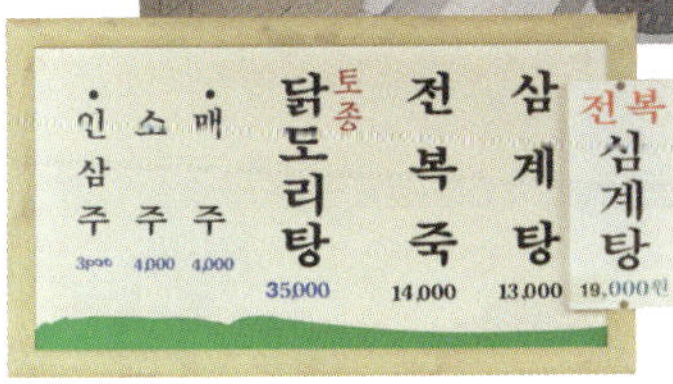

풍미추어탕

신문로2가 7-11, 7-18, 7-19번지 ——— 송월길 20-6

풍미추어탕은 1985년 교육청 대로변에 처음 문을 열었다. 최태호, 정삼선 부부는 처음으로 해 보는 장사에 익숙하지 않고 손님이 없어 1986년 문을 닫으려 하였다. 하지만 날씨가 선선해진 어느 날부터 손님들이 갑자기 많이 오기 시작하여 지금까지 장사를 하게 되었다고 한다.
1990년 새문안 동네에서 경향배달소년의 집으로 운영되던 가정집을 구입하여 가게를 옮겼다. 1990년대에는 청와대에서 포장을 해 갈 정도로 장사가 잘 되었지만, 주5일 근무제가 시행된 2004년부터는 주말 손님이 크게 줄었다고 한다. 추어탕은 예전에는 중년 남자들이 주로 선호하는 음식이었는데, 요즘에는 웰빙과 다이어트에 좋다는 이미지로 여자 손님도 많은 편이라고 한다. 현재에도 인근으로 장소를 옮겨 계속 식당을 운영하고 있다.

"대중적으로 추어탕만은 계절을 안 타는 거예요.
사계절 다 맛이 있는 거야.
음식은 그 덕을 많이 본 거지."

정삼선(풍미추어탕 운영)

10:00AM

일하시는 아주머니 2명이 출근한다.
진공청소기로 방청소를 하고 테이블도 닦는다.
예약 테이블에는 미리 수저와 반찬을 올려놓는다.
추어탕 양념으로 나가는 고추와
다진 마늘도 종지에 담아 미리 준비한다.

11:20AM

오전 첫 손님이 들어오기 시작한다.
12시 즈음 주변 회사직원들이 오는데,
40대 이상의 남성 손님이 대다수이다.
이날 미리 예약을 해 둔 손님은
총 35명이고 모두 200그릇 정도 팔았다.

13:10PM

테이블 정리 및 설거지를 한다.
뚝배기와 김치그릇은 물로 씻어서
뜨거운 물에 삶아 둔다.
사용한 수저는 삶아 꺼낸 뒤
물기를 닦고 수저통에 넣어 둔다.

14:00PM

점심시간을 피해서
오시는 손님들은
테이블당 1~2명이다.
주로 삼성병원 입원환자의
보호자들이다.

15:00PM

식당 아주머니들이 퇴근한다.
10년 넘게 같이 일하신 분들이다.
이날은 점심 이후에 아무 일도 없었다.
보통 우거지 다듬고 삶기는 2일에 한 번씩,
배추김치와 오이소박이는
2~3일에 한 번씩 하는 편이다.

17:00PM

예전에 사시던 동네 아는 분이
오랜만에 안부 물으러 들르셨다.
사장님 병환이 걱정되어 일부러 오셨다.

풍미추어탕의 하루

2015년 7월 30일 목요일

06:00AM

가게 문 열고 믹스커피 한 잔 마신다.
어젯밤 삶아둔 미꾸라지를 으깨서 체에 거르고 뼈만 골라내서 큰 솥에 끓여둔다.
국물에 우거지를 넣고 고춧가루, 찹쌀가루 등으로 양념을 한다.

07:30AM

쌀을 씻고 압력솥으로 밥을 한다.
한 번 할 때 5~6kg 정도 밥을 해 둔다.

08:00AM

식당 바닥을 대걸레로 닦는다.

08:40AM

어젯밤 씻어 말려 둔 야채들을 정리한다.
야채에 물 묻은 채로 두면 쉽게 상하기 때문에 전날 미리 씻어서 신문지를 펴고 말려 둔다.

08:50AM

하루 종일 쓸 칼을 갈아 둔다.
오전에 쓸 고추, 피를 총총 썰어 둔다.
미꾸라지에 소금을 뿌리고 이물질을 다 토해내면 흐르는 물에 씻는다. 솥에 물을 약간 넣고 끓인다.

09:20AM

밥을 뜸들인다.
오전에 쓸 밥그릇에 밥을 미리 퍼 둔다.

18:20PM

저녁 첫 손님이 들어온다.

19:00PM

미꾸라지 손질은 보통 새벽이나 저녁에 한다.
시간의 여유가 있을 때 미리미리 해 두는 편이다.
미꾸라지에 소금을 뿌린 후 이물질을 다 토해 내면 흐르는 물에 씻는다.
솥에 물을 약간 넣고 끓인다.

20:00PM

저녁 손님의 그릇을 정리하고, 식당 문을 닫는다.

안동회관

신문로2가 41번지 ―――――――― 새문안로 41-2

김여환, 한소임 부부는 오랫동안 이 지역에서 식당을 운영하였다. 결혼 후 1975년 서울에 올라와 여러 지역을 돌아다니며 중국집을 운영하다 1980년 우연히 들른 이곳에 정착하였다. 안동장이란 이름으로 신문로 2가 4-3번지에서 처음 문을 열었다. 그 건물은 과외방을 하던 선생님이 과외방이 사라지자 식당으로 운영하기 위해 개조하고 고쳐 놓은 집이었다. 당시 동네 주변은 허름하고 작은 규모의 집이 많았으며 학생이나 주변 직장인을 대상으로 하숙집을 운영하는 동네 사람도 몇몇 있었다고 한다.

1984년 신문로2가 1-402번지에서 안동장으로 운영하다가 1990년 매운탕과 백반정식을 파는 명복횟집으로 바꿨고, 이듬해 다시 '안동'을 따와 안동회관이라 붙였다. 종종 사람들이 안동 출신이냐 묻기도 하였지만 사실 을지로에 있는 같은 이름의 유명한 중국집처럼 잘 되길 바라는 마음에서 이름을 따왔다고 한다. 2000년 신문로2가 41번지로 이주하여 16년간 한정식집으로 운영하였다. 점심에는 불고기 등 백반류를 팔고, 저녁에는 한우와 삼겹살 등 고기류를 팔았다.

"집장사도 잘 되재. 음식 장사도 잘 되재. 경기가 쑥 잘 돌아가는 그때 아냐.
소고기 아니면 먹질 안 했어 90년대에. 교육청에서도 공무원들이 한 과에 20명씩 있었어.
내가 배달통 들고 댕겨서 알아. 20개를 우리 아들도 몇 개.
나는 열다섯 개씩. 뚝배기 요만한 거. 한 10년 다녔어.
배달 다녀서 교육청 손님들 아는 거야.
그때는 교육청의 공무원들도 바빴어. 엄청 바빴어."

한소임(안동회관 운영)

삼성마트

신문로2가 18-1번지 ———— 새문안로 37

건강식품 판매를 하던 남편과 1989년 결혼한 위종선 씨는 2000년에 새문안로 가로변에 작은 가게를 열었다. 건강식품이 잘 팔리지 않자 판매점은 2층으로 옮기고, 유동 인구가 많다는 점을 고려해 마트를 운영하기 시작하였다. 인근에 강북삼성병원이 있어서 삼성마트라고 이름 지었다. 2009년에는 마트 옆에 한쪽 공간을 터서 호두과자 가게도 열었다. 삼성마트는 강북삼성병원으로 가는 길목에 위치하고 있어 문병을 가는 사람과 환자 보호자가 필요로 하는 물품들이 꾸준히 판매되었다.

마트를 하면서 다양한 사람들을 만났다고 한다. 눈 마주칠 새 없이 바쁜 회사원, 지나가다 길을 물으러 들어오는 아주머니, 병문안을 위해 음료수 사러 들른 사람과 병원에 들렀다가 다시 집에 가는 길에 맥주 한 잔을 마시고 가는 80대 할아버지, 담배를 사려고 시도하다 실패한 고등학생들, 몰래 껌 같은걸 집어가는 초등학생들도 있었다. 그중에 가장 기억에 남는 사람은 가게 앞에서 비를 피해 잠을 자던 노숙자이다. 가게 근처에서 늘 조용히 머물다 가던 노숙자 아저씨에게 밥을 차려주고는 그 보답으로 나무로 깎은 인형이나 조그만 인형을 선물로 받곤 하였다.

"진짜 옛날에는 엄청 팔았죠. 그니깐 애들 공부시키고 했지.
(호두과자도) 그때 경기 좋을 때는 교육청도 엄청 들어갔어요,
요즘은 교육청에 들어가지도 않아요. 병원 손님 땜에 많이 혜택을 받죠."

위종선(삼성마트 운영)

서대문여관

신문로2가 22-2번지 —————— 새문안로 41-3

2000년대 새문안 동네에 있던 40여 동의 건물 중 약 90%가 식당으로 운영되었지만 그 속에서도 도심 속 쉼의 공간으로서 여관이 오랫동안 자리하고 있었다. 특히 서대문여관은 1984년부터 2013년까지 30년간 운영되었다. 1937년 서대문정2정목 22-2번지 동일한 위치에 서대문여관이 위치했다는 사실을 1937년 6월 29일 동아일보 기사에서 확인할 수 있지만 지금과의 연속성은 확인하기 어렵다. 현재 돈의문 박물관마을에서 유일하게 당시 사용하던 간판이 그대로 남아있다.

서대문여관뿐만 아니라 새문안 동네에 있던 신라장여관(신문로2가 1-402번지) 역시 동네 주변으로 공공기관이나 병원, 큰 회사들이 들어서기 시작하던 1980년대에 들어섰다. 여관을 이용하던 투숙객들은 과거에는 서울특별시 교육청 등 공공기관이나 대기업의 지방 출장자, 강북삼성병원의 환자, 보호자 등이었고, 최근에는 일용직 노동자 등이 월세방으로서 여관을 주로 이용하였다고 한다.

서대문여관 카운터 창문
46.5×67 | 2016년 1월 14일 1층 카운터에서 수집

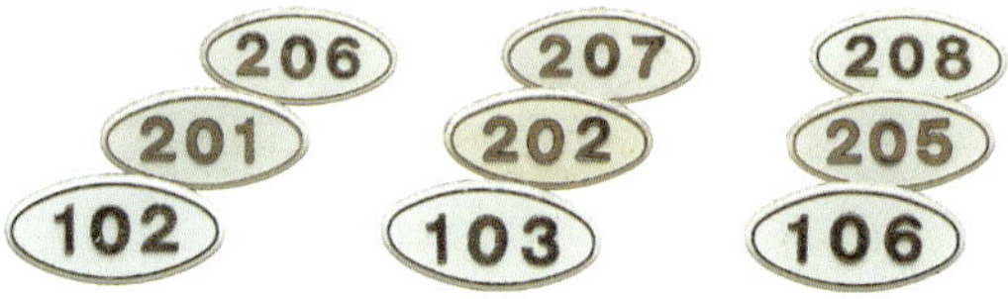

서대문여관 방번호
70×14.2 | 2016년 1월 14일 1~2층 방문에서 수집

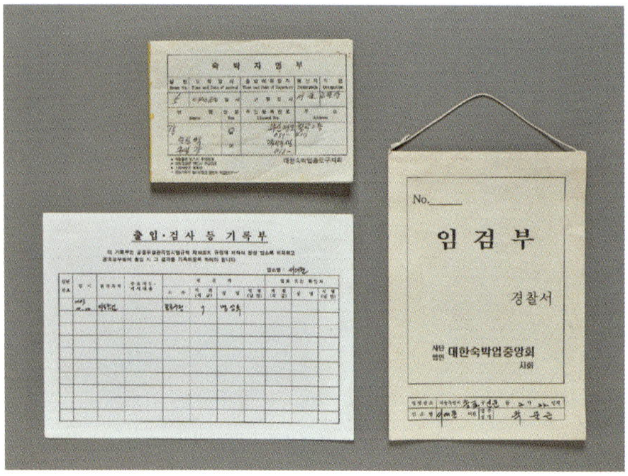

임검부 | 31×19
출입검사 기록부 | 21×29.7
숙박자 명부 | 13×19.5
2016년 1월 14일 1층 카운터에서 수집

임검臨檢은 1919년부터 실시한 제도로, 경찰의 숙박업소 검문을 뜻한다. 경찰은 여관에 비치된 숙박자 명부로 숙박자의 신상을 확인하였다. 임검은 1998년에 폐지되었고, 공중위생관리법에 따라 관할 구청이 숙박업소를 점검하였다. 숙박자 명부는 2000년대 초까지 서대문여관에서 사용되었다.

신평상우회

신문로와 평동의 식당과 소규모 상가 운영자들은 신문로나 인근에 거주지를 두고 있어 지역 소속감이 강하였다. 1980년대 시작한 낙찰계 등 친목 모임이 1990년대에는 신평상우회로 발전하였다. '신평'이라는 이름은 신문로와 평동의 앞 글자에서 가져왔다. 식당가의 홍보와 동네의 단합을 위해 대로변에 꽃길 화분을 심어 조경을 하고 사람들이 드나드는 골목을 아침저녁으로 쓸어 깨끗하게 유지하였다. 봄과 가을에 떠나는 야유회는 상우회 회원들뿐만 아니라 주변 동네 어르신을 함께 모시고 가 친목을 다졌다.

신평상우회는 회장과 총무, 회원으로 구성이 되었으며 결성 후 총 3번의 회장과 총무가 선출되었다. 2003년 뉴타운 지구로 선정되고 난 뒤 구성원들이 이주하거나 폐업하면서 2004~2005년경에 해체되었다.

"이 동네는 좀 특이해요. 장사하는 분들 보면 대개 이웃집들하고도 싸우거든요?
다들 그냥 마음씨가 좋아서 그런 건지. 어르신들 모시고 가는 것도
그게 서울 시내에서 우리 동네가 특별하지 않았나.
동네 분들이 제주도를 가게 되었어. 한 40명 정도.
이제는 장사 안 하시는 분들도 계시고 그러니까 기본적인 비행기표만 내면은
나머지는 우리가 다 부담하고 그렇게 해 가지고 갔지요."

최태호(풍미추어탕 운영)

신평상우회 결산보고서
新平商友會 決算報告書

1990~2000년대 | 31×48

신평상우회 춘추계 야유회 결산보고서와 상우회 도장이다.
회비징수 내역과 조선맥주(현 화이트맥주)등 물품을 지원받은 내역, 지출 내역, 영수증 등이 포함되어 있다.

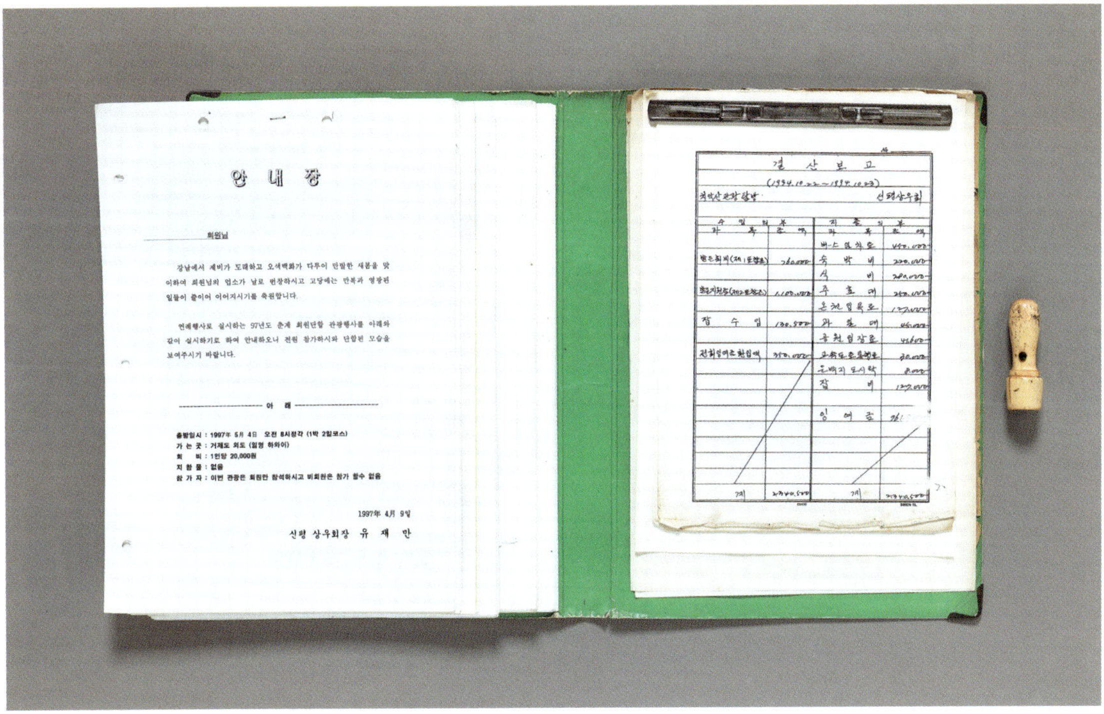

새문안 동네에서 돈의문 박물관 마을로

역사도시 서울의 수많은 동네들이 무분별한 재개발로 인해 사라졌다. 서울시는 거주자들을 떠나게 하고 모든 것을 지우는 전면 철거형 재개발 방식에서 벗어나 오래된 도시조직과 건축물을 보존하여 사람들이 더 나은 삶을 이어갈 수 있도록 '도시재생'이란 방법으로 미래의 방향을 새롭게 잡아가고 있다.
초기 계획은 돈의문 뉴타운 1구역에 속한 새문안 동네를 전면 철거한 후 근린공원으로 조성할 예정이었지만 동네의 기억과 정체성을 지키는 방향으로 변경되었다. 이는 교남동 철거 현장에서 선별한 한옥을 가져와 기존의 집들과 한 동네를 이루게 하는 마스터플랜이었다. 그러나 설계와 시공단계에서 새문안 동네의 역사적 층위를 그대로 존중하고자 다시 계획을 수정하였다.
마을 자체가 박물관이라 하여 이름을 '돈의문 박물관 마을'로 정하였다. 기존 건축물을 최대한 부수지 않고 단열 및 내진 성능을 강화하는 리모델링을 하여 2017년에 준공하였다. 비록 낡고 오래된 한옥은 해체하였으나 사용 가능한 부재로 다시 개축하는 등 다양한 시대 양식의 건축물이 공존하는 공간으로 조성하였다. 2017년 제1회 서울도시건축비엔날레 전시장으로 활용하면서 많은 건축 작가들의 교류 공간이 되었다.
2019년 돈의문 박물관 마을은 '마을 전체가 박물관인 기억의 보관소'라는 기본 철학을 다시 정립하였다. 1960~1980년대의 아날로그 감성이 담긴 골목과 다양한 콘텐츠의 전시관, 체험교육관 등이 어우러진 복합 문화공간이 되었다.
돈의문 박물관 마을은 과거 마을이 가진 기억을 존중하고 현재의 기억을 덧붙여 가치 있게 만들어가는 중이다. 돈의문 박물관 마을은 계속해서 시민들의 참여 속에서 변화해 나갈 것이다.

> 유적에는 과거의 오래된 것만이 아니라
> 우리가 보편적으로 역사적 가치로 인식되는
> 가까운 과거들도 포함된다.
> 그것은 시간의 길이로 재는 것이 아니라
> 공유하는 기억의 무게로 결정하는 것이다.
>
> 정기용, 『사람건축도시』

아지오전시실에서 바라본 돈의문 박물관 마을 풍경
2018 | 이상구 촬영

아지오로 들어오는 골목길은
옛집들 사이로 난 2*m* 남짓한 좁다란 길이었다.
골목길에는 이 주변에 있는 다양한
요릿집을 찾는 사람들로 늘 북적거렸다.
여기 서서 보이는 왼쪽 집들은 원래 조직 위에 있던
옛집들이지만 붉은 벽돌집(일식가옥)과
붉은 기와를 덮은 집(절충형 주택)은 담장과 대문
그리고 주택 입면이 원래 모습과 다르게 변하였다.
맞은편은 한옥 두 채를 헐어 화단을 만들었고,
1980년대 불란서식 주택과 목욕탕,
고시원으로 썼던 3층짜리 건물을 헐어내
마을 마당을 조성하였다.
이 그림은 옛 골목길 시절의 입면 모습이다.

돈의문 박물관 마을과 돈의문전시관 조성 기록

2003 — 2006 — 2009 — 2014 — 2015

2003.11.18.
돈의문 1구역 재정비
촉진지구 지정

2006.4.13.
돈의문 1구역 도시환경
정비구역 지정
-새문안 동네 공원녹지 계획(안) 수립

2009.12.
서울역사박물관
돈의문 뉴타운 조사보고서
『돈의문 밖, 성벽 아랫마을』,
『도시민의 삶과 주거』 발행

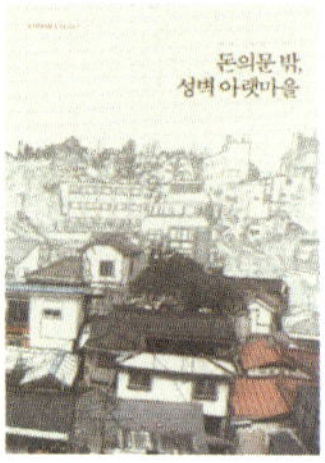

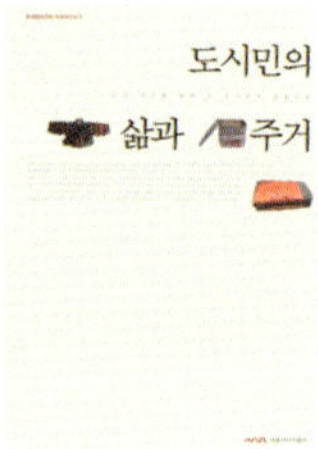

2014.1.3.
돈의문 1구역 정비계획 변경
(서울시장방침 제2호)

2014.5.13.
돈의문 역사공원 조성을 위한
조사기록작업 시작

2015.5.7.
돈의문 역사문화마을 조성계획
(서울시장방침 제100호)
-공원에서 문화시설로 용도 변경

2015.5.28.
서울시-SH서울주택도시공사
사업대행 계약 체결

2015.7.28.
새문안 동네 조성 사업 설계 추진

2015.10.8.
돈의문 재정비촉진지구 총괄사업자
관리자 지정(SH서울주택도시공사)

2015.10.30.
『돈의문 1구역 역사공원조성
기본계획보고서』 발행

2015.11.20.
주거사업과에서 도시공간개선단으로
업무 이관

2015.12.14.
돈의문 박물관 마을 조성을 위한
철거 시작

새문안 동네 현황 모형(2014)

마스터플랜 모형(2015.4.15.)

2016.3.3.
제2차 박물관·미술관 건립
추진위원회 회의
-돈의문전시관은 서울역사박물관 분관으로 운영

2016.3.16.
발굴조사 착수

2016.5.3.
주민설명회 개최

2016.6.3.
도시공간개선단에서 서울역사박물관으로
돈의문전시관 조성 및 운영업무 이관

2017.3.5.
『새문안 동네 돈의문 역사문화마을
기록화 작업』 발행

2017.7.~11.
돈의문전시관 실시설계 착수
-유적전시실 설계 회의

2017.8.
돈의문 박물관 마을 준공

2018.4.17.
돈의문전시관 개관

2016 — 2017 — 2018 — 2019

2016.7.27.
돈의문 박물관 마을 조성공사 착수

2016.9.13.
발굴조사 완료

2016.10.26.
매장문화재분과 매장문화재위원회 심의
- 경희궁 궁장, 화장실 유구의 현지 보존 결정에 따라
돈의문전시관과 연계한 현장 유적전시실 조성

2016.12.30.
돈의문전시관 전시기본설계 수립

2017.9.2.~11.5.
제1회 서울도시건축비엔날레 개막
-돈의문전시관 비엔날레 전시장으로 활용

2017.11.
『100년 골목 돈의문 박물관 마을 이야기』 발행

2017.12.~2018.4.
돈의문전시관 전시물 제작 설치
유적전시실 조성 공사

2019.1.1.
도시공간개선단에서 문화본부로
돈의문 박물관 마을 업무 이관

2019.9.7.~11.10.
제2회 서울도시건축비엔날레 개막

건축, 시간이 존재하는 방식

—기억의 저장고, "새문안 동네"

돈의문 박물관 마을 설계 건축가 민현식(기오헌 대표)

기억의 저장고로서의 건축과 도시

기억을 실어 나르는 '매체媒體(media)'는 밀랍판에서 양피지로, 현대에 들어서면서 사진, 영화 그리고 컴퓨터로 진화되었다. 그것들이 박물관, 기념관, 기념물 및 기념비, 문학작품을 비롯한 각종 텍스트, 신화와 종교적 제의, 문서보관소 등의 형식에 저장됨으로써 기억이 제도적으로 공고화되고 조직적으로 전승되어 왔다. 그러나 현장에서 오감을 통한 직접 체험의 인상들은 단순히 누군가를 통해서 듣거나, 다른 매체를 통하여 받게 되는 느낌들보다 훨씬 더 생생하고 깊게 각인된다는 것을 누구나 공감한다. 이런 뜻으로 건축(공간과 장소)은 그 모든 매체나 형식을 능가하는 기억의 저장고일 뿐 아니라 끊임없이 재생산하는 기억 그 자체다.

'새문안 동네'는 서울의 근대적 삶이 실제로 어떠했는가를 읽어낼 수 있는 흔적들을 고스란히 보전保全하고 있는 특별한 장소이다.

모더니즘 그리고 '창조적 파괴'

시민혁명과 산업혁명이 낳은 근대는 과거와는 철저하게 단절한 '새로운 것의 창조'라는 화두가 지배했던 시대였다. 세계를 과거와 상관이 없거나 과거가 끼어들더라도 그것을 지우고 새로운 것을 기록하는 백지白紙(tabula rasa)로 보았다. 따라서 근대는 온건하고 민주적인 것이든, 혁명적이고 권위적이며 상처를 남기는 것이든, 종류를 불문하고 항상 '창조적 파괴(creative destruction)'가 선행되었다. 수많은 아방가르드들이 '새로운 것', '다른 것'이라는 지고의 가치를 획득한다는 명분으로 기존의 것들을 파괴했다. 거기에 모더니즘의 건축과 도시가 앞장섰다. 오늘날 우리사회에서 벌어지고 있는 개발은 기존의 것(기억)을 싹 쓸어 내어 백지를 만든 다음, 거기에 '새로운 건축과 도시'를 세웠다. 지금 막바지에 이른 '돈의문 뉴타운' 역시 창조적 파괴에 의한 개발이며, 아직도 자행되고 있는 우리 건축과 도시의 현실적 전형이다.

그러나 어떤 사회질서도 기존의 여건 속에 이미 잠복해 있지 않던 변화를 만들어 낼 수 없다. 즉 새로운 것의 특징들이 기존의 상태에 이미 현존하지 않고서는 변화할 수 없으며, 철저한 단절처럼 보이는 것 아래에 깔려 있는 깊은 연속성을 간파할 필요가 있다. 모든 기억을 지워버린 근대건축과 도시가 크게 비판을 받는 것은, 바로 건축과 도시는 하나의 사물(a thing)로 물상화된 것이 아니라, 하나의 과정(a process)이기 때문이다.

우리가 '새문안 동네'를 주목하는 이유

물론, 많은 '과거' 그리고 그 과거와 더불어 '기억'들이 살아 남았다. 그러나 그들은 대부분, 당대의 지배권력의 이데올로기를 표상하고 대변하던 주류만이 살아 남는다. 역으로 의도적으로 훼손되기도 한다. 건축은 항상 지배권력의 종속물로 존재해 왔기 때문일까.

최근에 들어, 기억이 역사가들에게 새롭게 부각되고 있는 것은 현대사회에서 과거와 대면하는 방식이 전반적으로 개인화하고 있음을 웅변해준다고 할 수 있다. 집단적 과거가 우리에게 더 이상 의미롭게 다가오지 않을 때 우리는 그 대신 역사라는 공적인 영역에서 억압되고 무시되어 왔던 사적인 요소들에 주목하게 된다.

이곳, '새문안 동네'는 동네 자체가 마치 박물관과도 같이 지난 100여 년의 도시적 삶의 물질적, 비물질적 유물들이 그득하다. 경희궁 담장, 한양도성 그리고 새문안로로 구획된 '새문안 동네'에서 우리가 주목하는 도시조직의 물리적 요소들, 즉 골목길과 더불어, 그 골목길로 이어지는 소단위 필지에 건조된 축조물들은 그때, 그곳에 유행했던 도시의 토속건조물(urban vernacular)이다. '건축가 없는 건축(Architecture without Architects)'을 주목했던 버나드 루도프스키Bernard Rudofsky의 표현대로라면, '전통적인 계보에 기록되지 않은 족보 없는 서자건축庶子建築(non-pedigreed architecture)'으로 그것의 아름다움은 건축 역사에서 소외되고 외면되었다.

이곳은 19세기 일식주택, 1930년대에서 시작되어 1960년대까지 서울의 도시주택을 담당했던 (도시형)한옥, 7-80년대의 세칭 '슬라브집', '불란서식 집' 등 근·현대의 '집장사집'들과 그것들의 변형들이 골목길을 따라 조직되고 100여 년 진화를 거듭하며 변모되어 온 이 땅에 기록된 기억들이다. 진화와 변태는 주변의 도시상황의 변화에 종속되어 있다. 일제의 식민지경영방침에 의한 경성 근대화 과정 중에 경희궁은 크게 훼철되어 '경성중학교'(조선총독부학교)로, 전찻길 복선화를 이유로 돈의문과 성곽이 사라졌으며, 연접한 광화문 지역과 서대문지역과는 달리, 이 지역은 상대적으로 개발에서 외면되어, 돌 가공장加工場과 의수의족 점포, 접골원 등으로 채워졌다. 1960년대 말에 이르러 고려병원(현 강북삼성병원) 개원(1968년/1994년 삼성의료원으로 편입)과 문화방송국 정동사옥(1969년/김수근 설계) 건립으로 개발되기 시작하여, 1980년대 서울고등학교 강남 이전, 서울역사박물관 개관, 경희궁 복원 등으로 획기적인 변화의 중심에 있게 되었다.

이러한 과정을 지나 오는 동안, 개발에서 외면된 '새문안 동네' 내부는 주택들이 주변 직장인들을 대상으로 한 소규모 음식점과 카페 등으로 변환되어 왔다. 경희궁, 한양성곽과 돈의문 등의 중요한 장소와 축조물들은 정치적, 경제적, 사회적 중요도에 의해 주의 깊게 보존되거나 의도적으로 훼철되기도 하지만, '새문안 동네'는 지배 권력의 이데올로기에서 외면되어 왔기 때문에 내부의 물리적 조직은 역설적으로 잘 보전되어 있다. 이는 오히려 도시적 상황의 변화를 다른 방법으로 증언하고 있다.

건축과 도시를 하나의 과정으로 인식하는 패러다임의 전환과 함께 포스트모더니즘을 촉발시킨 R. 벤투리의 '건축의 복합성과 대립성'에 관한 논의들, 그리고 B. 루도프스키가 전시한 '건축가 없는 건축' 등이 주목의 대상이 되면서, 모더니즘으로 대표되는 현대건축이 우리의 생활과 의식, 정서 등과 일치하지 않는다는, 즉 합리주의가 낳은 세계화 및 보편화로 추상화된 건축과 도시가 더 이상 일반대중과는 괴리되었다는 비판을 받았다. 또한 석유파동을 몸소 겪으면서, 20세기 말을 전후로 공감대를 형성하고 있는 환경문제 등 이러한 사유와 운동을 바탕으로 힘을 얻은 '재생담론'은 그 시대와 장소에 특별함(specific/singular)을 되살리려는 운동이다. 이들 토속 건조물들은 철저하게 장소특정적인(site specific) 것이기 때문이다.

현재의 사유에 따라 재해석된 동네

무엇을 지우고, 무엇을 남길 것인가 그리고 무엇을 보탤 것인가. '새문안 동네'를 조성한다는 것 즉 지금까지 지속되어 온 이 동네를 재생한다는 것은, 이 동네의 물리적 공간조직(집, 길과 마당) 뿐 아니라 여기에 깃들어 온 삶의 조직 및 생산조직을 보전保全하는 것이다. 여기에 살아남은 건조물이나 도시구조의 문화재적 가치를 평가하여 원래의 상태 그대로 보존保存하는 것이 아니라, 이들의 역사적 가치를 존중하여 그 기능을 계속해서 유지시켜, 필요한 경우에는 적절한 개입을 행함에 따라 현재에 적합하도록 재생, 강화, 개선하는 것을 포함한다. 보전保全한다는 것은 건축적 중요성이라는 측면에서 이루어지는 선택의 과정이다. 역사는 실체에 대한 인식적 지향의 '선택체계選擇體系(selective system)'일 뿐만 아니라 인과적 지향의 '선택체계'이다. 우리는 무수히 인용되고 있지만, 무수히 오해되고 있는『법철학(Phiosophy of Right)』서문에 나오는 헤겔의 격언, 즉 '합리적인 것은 현실적인 것이고 현실적인 것은 합리적인 것 What is rational is real, and what is real is rational' 이라는 격언을 되새겨보기까지 할지도 모른다.

기억이 특별한 맥락에 귀속되는 사건에 대한 해석이고, 과거가 그때마다의 토양 위에서 자유롭게 재구성되며, 이는 그 순간을 넘어서는 현재적 해석을 통해 가치를 획득하듯이, 우리의 작업 역시 선택적이었다. 많은 부분이 보전되었으나, 현재적 판단에 의해 조심스럽게 철거되고, 긁어내고, 어떤 부분은 새롭게 덧붙여져서, '새문안 동네'는 박제된 과거가 아니라 앞으로 새롭게 쌓여갈 기억들을 포함한 지속의 일부, 아직도 새로운 것들이 계속해서 기록되는, 완성되지 않은 양피지가 되기를 바랐다. 마치 역사가의 정신이 작용하는 방식과도 같다. 즉 과거의 경험에서 역사가가 입수할 수 있을 만큼의 과거의 경험에서 합리적인 설명과 해석을 가할 수 있다고 인정되는 부분들을 추려내어, 그것으로부터 연구의 지침으로 기여할 수 있는 결론을 끌어내듯이. 그리고 "관찰된 '사실'이라는 넝마주머니를 샅샅이 훑어보고 나서, 그 관찰된 사실들 중에서 부적당한 것은 버리고 적당한 것은 골라내어, 그것들을 이어 붙이고 본을 떠서 비로소 '지식'이라는 논리적이고 합리적인 누비이불로 꿰"매었다.

총 68동으로 시작된 작업은, 15동이 전면 철거되었고, 대수선 20동, 증축 및 대수선 25동, 철거 후 개축 2동, 철거 후 신축 5동 등으로 결과적으로 43동으로 이루어진 새 마을이 되었다. 물론 골목길은 그 스케일에서 철저하게 보전되었고, 중앙에 마을 공동체를 위한 마당이 조성되었으며, 일부 조선시대의 유적이 발굴되어 현물로 전시되고 있다.

여기 '새문안 동네'에 지난 한 세기 동안 쌓여온 '기억'들이 있다. 여기 '새문안 동네'에 흔적으로 남겨진 것들은, '기억'을 불러오는 매개체이기도 하고, 이것들 자체가 '기억'이다.

우리는 이들 시대를 달리하는 것들과 새롭게 덧댄 것들이 공존하고 있는 이곳의 풍경을 보고, 듣고, 맛보고, 만지고, 냄새 맡는 감각행위를 통해 소외되었던 '과거'를 마주하는 통로가 되기를 바란다. 오감을 통하여 뇌에 전달되는 세상의 모습은 있는 그대로가 아니라 뇌의 여과장치를 거친 가동된 실재이기 때문에, 사람들은 같은 '과거'를 대면하지만, 각자 '다른' 과거일 것이고, '다른' 상상력을 부추겨서, '다른' 다양한 것들이 여기 '새문안 동네'에서 또다시 창조되어 가기를 염원한다. 베르가모트 향을 맡으면 이 향이 들어간 얼그레이 차를 함께 마시던 옛 친구의 기억이 되살아나는 '프루스트 효과'가 넘치는 곳이 되기를 염원한다.

여러 가지 시대를 달리하는, 또는 우리를 당황하게 하는 공존할 수 없는 '기억들', 그것들이 일관되는 관계도 없이, 정리되지 않은 채로, 공존할 수 없는 '기억들', 그것은 즐거운 텍스트가 될 것이며, 행복한 바벨탑으로 남겨서, 텍스트로 즐거움을 만끽하는 자, 그는 바로 여기를 방문하는 자들이며, 여기에 살게 될 주민이다. 여기서 느긋하게 산책하다가 좋아하는 물건을 골라 자기만의 기억의 박물관을 만들 수 있기를 바란다.

어쩌면, 이곳을 방문하는 사람들이 변증법적인 풍경을 스스로 만들게 하는 기획이기 때문에, 매 순간 자신의 기억과 의미에서 발생된 논리를 지속적으로 의심하기를 권하고 싶다. 이 골목길을 걸으면서, 논리적이지 못하다고, 비약이라고, 모호하다고 느끼고 이를 고치려고 한 자신의 논리에 굴복하지 않아야만 비로소 '새문안'이라는 괴물이 여기를 방문하는 여기에 사는 주민들에게 모습을 드러낼 것이다. 관념에 물들지 않은, 논리의 언어 이전의 존재를 읽어내는 것, 경이로운 순간을 삶처럼 체험하는 기쁨, 바로 안톤 체홉의 기쁨이다.

"그러자 갑자기 그의 마음 속에서 기쁨이 일기 시작했다. 그는 심지어, 숨을 쉬기 위해 잠시 멈춰 서야 했다. 그는 생각했다. 과거는 현재와 잇달아 발생하는 사건들의 끊임없는 사슬로 연결된다. 그리고 그는 방금 자신이 이 사슬의 양끝을 본 것처럼 느껴졌다. 한쪽 끝을 건드렸더니 다른 한쪽 끝이 떨리는 것 같았다."

안톤 체홉Anton Pavlovich Chekhov, 「대학생」

돈의문 박물관 마을 마당

유적전시실은 조선시대 경희궁 궁장과 근대 건물지의 흔적들을
원형 그대로 현장을 보존하여 전시하고 있습니다.
두터운 역사적 층위를 가진 도시답게 서울에서는 많은 역사적 유구들이 지금도 발굴되고 있습니다.
대다수의 유구들은 자료로만 남고 다시 원상태로 매장되거나,
유적지의 현상을 변경한 후 장소를 이동해 전시되고 있습니다.
그러나 돈의문전시관은 유구 자체가 지니고 있는 역사성과 의미를 최대한 살리고자
유구가 발굴된 위치에서 그 위로 보호각을 지어 보존하는 현장보존 방법을 선택하였습니다.
유적전시실은 경희궁 궁장과 근대 건물지 실물 그대로를 생생하게 보여줍니다.

유적전시실

발굴 유구, 원형 그대로 보존하다

돈의문

1890년대 초 돈의문 박물관 마을의 옛 모습입니다.
마을 한 면은 돈의문에서 이어지는 성벽이, 다른 한 면은 경희궁의 담장인 궁장宮墻을 면하고 있습니다.
성벽과 경희궁 궁장은 마을 한쪽에서 만나 인왕산 방향으로 나란히 이어져 나갑니다.
마을 안은 기와집보다는 초가집이 많았습니다.
곳곳에 무너진 궁장 너머로 경희궁의 빈터만 보입니다.
경희궁 궁장은 지금의 아지오전시실을 지나 정문인 흥화문으로 이어졌습니다.

월터 힐리어Walter C. Hillier | 1889~1892 | 마이클 힐리어 소장

2016 발굴 2구역 —— 2018 유적전시실

2구역에서는 경희궁 궁장과 조선후기·근대 시기로 추정되는 건물지들이 발굴되었다. 이곳에서 발굴된 경희궁 궁장은 상부는 파괴된 상태였고 지대석 1단만 남아 있었는데, 잔존 길이는 약 14.2*m*, 폭은 약 150~180㎝이다. 궁장 동측에는 문門으로 추정되는 유구가 궁장의 지대석을 파괴하고 약 191*cm* 간격을 두고 있다. 문지門地에 사용된 초석의 크기와 유구의 높이, 주변에서 출토된 일제강점기 도자기 유물 등으로 미루어 볼 때 궁장의 암문暗門이라기보다는 후대에 조성된 것으로 파악하였다.

경희궁 궁장 앞쪽으로는 조선시대 온돌과 근대 건물지들도 함께 보인다. 당시 건물의 모습을 온전히 확인할 수는 없지만, 조선시대에서 일제강점기로 넘어가는 동안 중첩된 건물지를 한눈에 볼 수 있다는 점에서 의미가 있다. 2구역은 발굴조사된 원형 그대로 현장 보존하여 돈의문전시관의 유적전시실로 조성하였다.

돈의문 박물관 마을 유적

조사위치 : 종로구 송월길 20-12 일원
조사면적 : 536㎡ (시굴 3,547.91㎡)
조사기간 : 2016년 3~9월
조사기관 : (재)한울문화재연구원

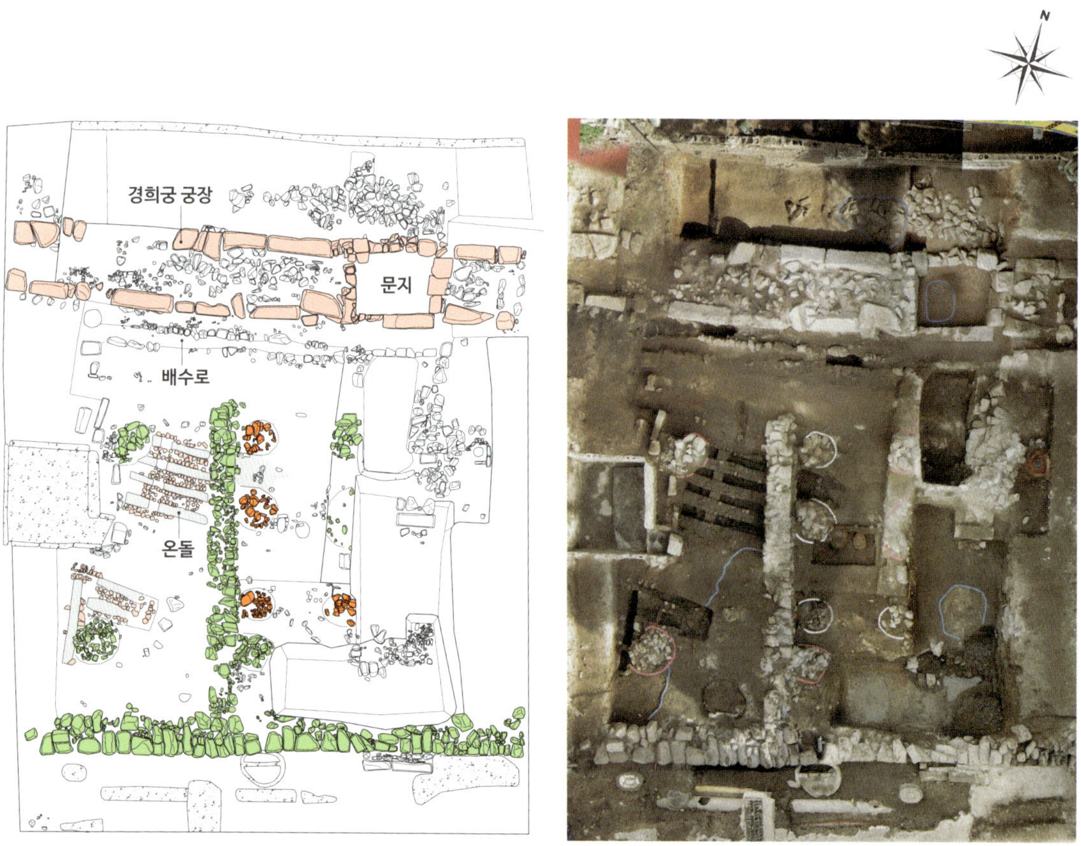

1차 축조 2차 축조 3차 축조

0 3 9m

1 백자 청화 수복壽福문 발편
높이 8.6×추정 입지름 16.2×굽지름 7.4

2 백자 청화 운문 호저부편
잔존높이 17.2×굽지름 12

3 백자 투각 팔괘문 뚜껑편
높이 7×주연지름 10.9×촉지름 8.6

4 백자 다채 장식문 저부편
잔존높이 1.2×굽지름 8.2

5 백자 청화 복福문 저부편
잔존높이 4.7×굽지름 8.4

6 백자 청화 초화문 호구연부편
잔존높이 12.5

7 백자 청화 양각 국화문 발편
높이 6×굽지름 5.2

8 백자 녹유 다채문 접시편
높이 1.8×추정입지름 11×굽지름 6.2

9 백자 청화 송松문 뚜껑편
높이 2.6×주연지름 8.4×촉지름 6.9

출토된 도자기들

돈의문 박물관 마을에서 출토된 유물은 총 34점이다.
자기와 도기, 기와, 옥석 유리 등이며, 백자가 24점으로 가장 많았다.

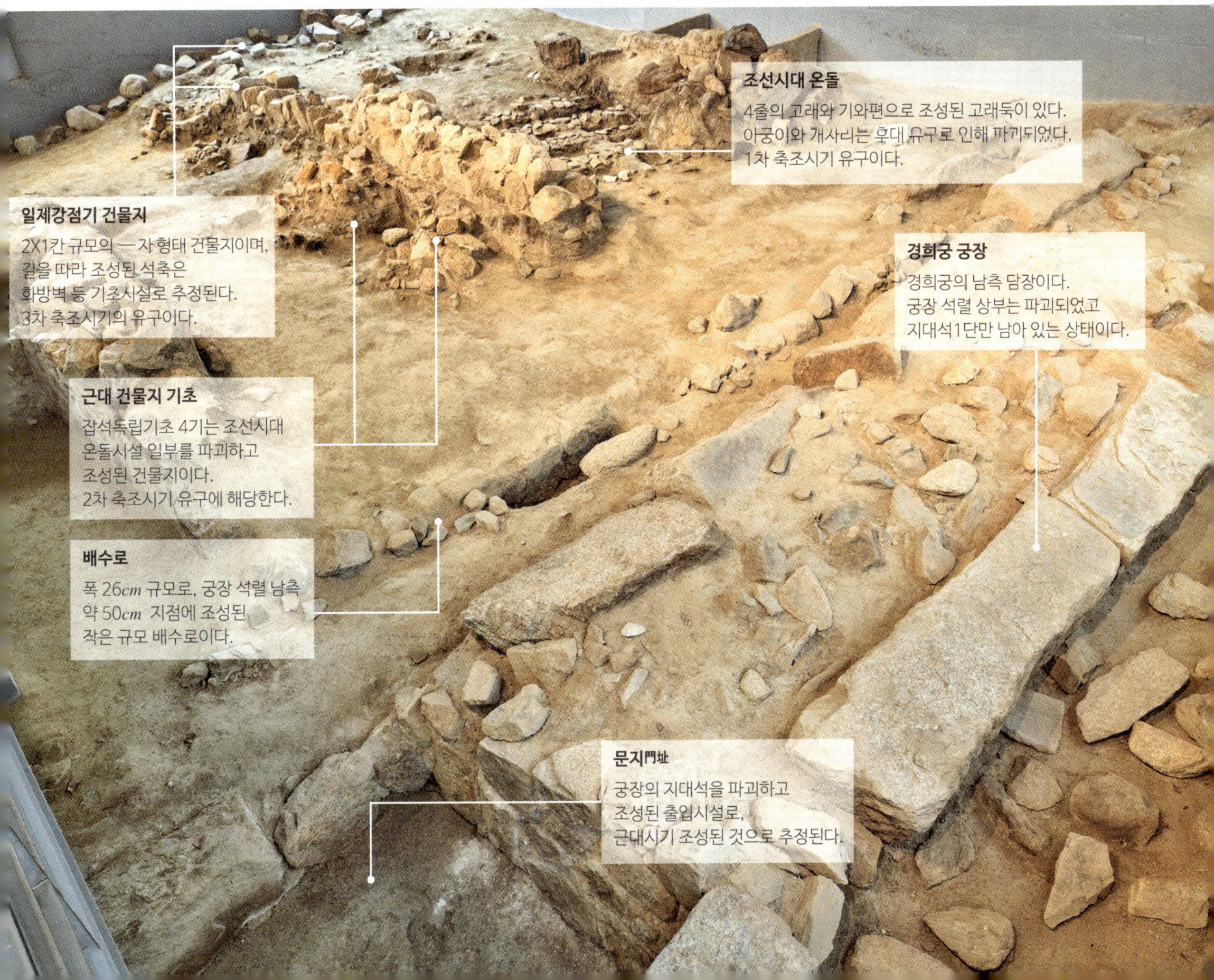

경희궁 궁장

경희궁慶熙宮은 고종대 경복궁 중건부터 일제강점기를 거치면서 대부분의 전각과 궁장들이 파괴되었다. 특히 경희궁 남측 영역의 변화가 심했는데, 1915년에 진행된 새문안로의 확장을 거치면서 남측 궁장 영역은 도로에 편입되어 대부분 파괴되었다.

경희궁 궁장의 전체 길이는 약 1.8㎞로 추정된다. 이중 현재 궁장이 잔존하는 구간은 경희궁 북서측 지역으로, 종로구 내수동에 위치한다. 현존하는 궁장의 길이는 약 200㎙이며, 높이는 약 3㎙이다. 하단에 잘 다듬어진 정방형의 석재를 2단으로 설치하고 그 상부에 사괴석四塊石 형태의 석재를 궁장의 상단까지 쌓았으며, 옥개부屋蓋部는 기와로 마감한 모습이다.

경희궁 궁장의 위치를 찾는 일은 경희궁의 고증 및 복원의 중요한 시작이다. 특히 경희궁 남쪽 구역에서 실제로 궁장 유구가 발견된 사례는 이번이 처음이다. 이번 발굴을 통해 경희궁의 정확한 남측 경계와 경희궁과 궁 밖 마을 사이의 경계를 확인할 수 있다는 점에서 의의가 크다.

남아있는 경희궁 궁장 구간

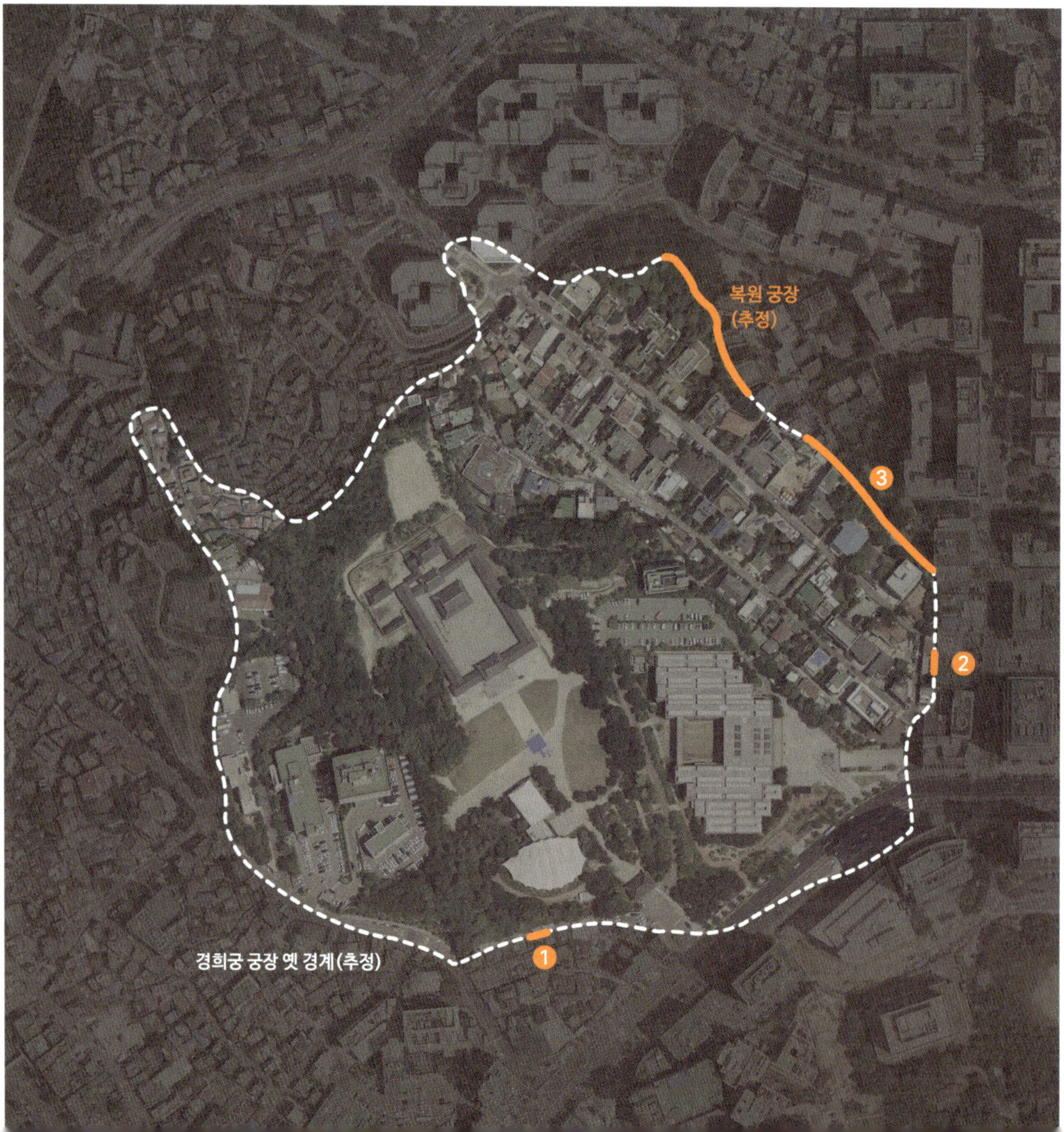

경희궁 서측 능선에서 바라본 궁장
조지 클레이턴 포크George Clayton Foulk | 1884~1885 | 위스콘신 밀워키 주립대 도서관

1 돈의문전시관 유적전시실

2 신문로1가 58-13 유적

3 내수동 지역 궁장 복원 전후

2016　　　　　　　　　　　　　　　　　　2018

발굴 3구역 ———— 야외 화장실 유구

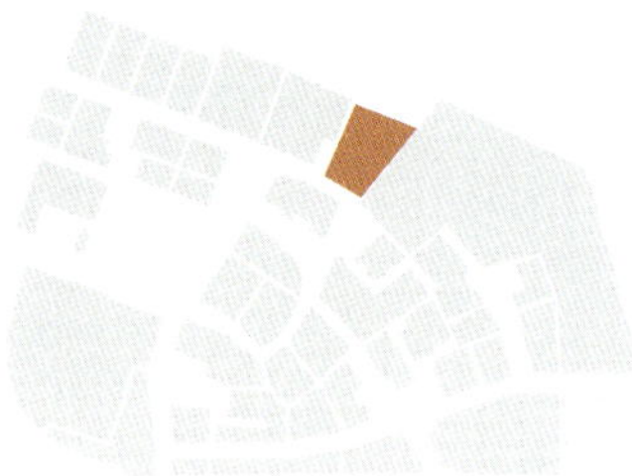

3구역에서는 근대 건물지 1동이 발굴되었다. 건물지 내부에는 선대 유구로 판단되는 온돌시설인 4줄 고래와 와편으로 조성된 고래둑이 남아있었으나, 아궁이 부분은 현대 콘크리트 구조물로 인해 파괴되었다. 한편 근대 건물지는 규모를 확인할 수 있는 기초시설이 남아 있었다. 이 건물은 남북 방향이 8.8m, 동서 방향이 5.3m의 규모의 一자 형태이며, 2개의 방으로 공간이 구획되었다.

건물의 남서측에는 화장실과 관련된 도기호陶器壺 2점이 조사되었다. 전통적으로 화장실은 뒤를 보는 집 또는 뒷마당에 자리한 집이라는 의미로 '뒷간'이나 '측간'으로 불렸다. 보통 전통적인 화장실은 살림집과 떨어져 있었지만, 일제강점기를 거쳐 서양식 변기와 화장실 문화가 유입되면서 살림집 내부로 들어오게 되었다. 근대식 화장실 모습을 보여주는 이 유구도 건물지에 붙어 있었으며, 주변에는 화장실에서 사용된 것으로 추정되는 백자 청화 화조문 변기편이 발견되었다.

이 화장실 유구는 전통적인 화장실에서 현대식 화장실로 변화하는 과도기적 형태로, 원형의 모습이 잘 남아 있어 사료적 가치가 크다. 따라서 3구역을 복토覆土 보존한 후 돈의문전시관의 마당으로 조성할 때 도기호 화장실 유구는 원형 그대로 야외 노출전시를 하였다.

1

2

3

백자 천화 화조문 변기편
白磁 靑畵 花鳥紋 便器片

1 잔존길이 52.2×너비 27.5×높이 18.4
2 잔존길이 19×두께 1.5
3 높이 18.8×두께 1.5

화식변기和式便器는 분뇨 저장공의 상부에 꽂아서 사용되도록 제작되었다.
변기 앞부분의 내·외면에는 초화문 혹은 화조문이 청화 안료로 시문되어 장식성을 더하였다.
이 유물은 일본 아이치현愛知県 서부에 위치하는 도고나메常滑 가마 등지에서 생산된 것으로 추정된다.
도코나메는 메이지시대 이후 근대적인 요업지대로서 다양한 타일과 좌변기 등을 대량으로 생산하였다.
20세기 초 국내에도 대량으로 유입되어 널리 사용되었다.

도기호 화장실 유구

2015.11.16.

2018.4.26.

도시는 자신의 과거를 말로 서술하지는 않습니다.
그 과거의 기억들이 거리의 모퉁이에, 창문의 창살에,
계단의 난간에, 깃발 게양대에, 피뢰침의 안테나에,
그리고 모든 부분 부분에 흠집으로 각인되고 무늬같이 새겨져
마치 손에 그려진 손금과도 같이 담겨져 있을 뿐입니다.

이탈로 칼비노, 『보이지 않는 도시들』

도와주신 분들

전시관 조성

총괄
송인호 박현욱

기획·진행
정명아 이진현 박지영

전시진행
조선경 김재경 황혜전
류위남 나신균 황해진

자료조사
정예원

유물출납
김문택 황선희

보존처리·보존환경
임주희 신장하

행정지원
김은주 이혁수

사업시행사
SH서울주택도시공사

전시공사
(주)작품오늘

아지오 2F 교남동과 새문안 동네, 도시·건축 변화의 기록

기획·진행
동네연구소 건축도감
이상구 정춘환 신나리
이종원 하춘 안화연

패널인쇄
올댓프린팅

한양도성의 원지형모형 3d 프린트 출력
XYzist자이지스트

현장기록도면(야장) 아카이브 가구제작
솔터공방 - 민홍지 이성수 김다온

현장기록도면(야장)그리기 영상
제이플로우 디자인연구소 - 이지윤

번역
본 아키텍츠 - 박환지

전시지원
이나원 김선영 이혜미

두 동네의 기억과 기록_사라진 동네, 살아난 동네

기획·진행
조정구
요네다 사치코(米田沙知子)
최재원

디자인
구가도시건축 동네연구소

시공·가공
SBS A&T (주)해미르토탈아트 아이네클라이네퍼니처

모형 제작
이우조 정유진 황보람 강성빈 김수인
김태식 윤정선 이연경 최성하 이진희
김지원 장가현 조지영 차종호 요네다사치코
강동균 양수민 박진경 강민재 구성은
송선미 이재오 조가연 노선영 조남우
원두호 김가람 유희령 홍혜리 김기대
전선영 황태성

그래픽
강민재 노선영 조지영 장가현 이경서
김소희 김태봉 노진아 최샘이

시각디자인
FONDANT DESIGN - 이수성

번역
Seoul Selection - 구성은

촬영
한국기록문화연구소
SUSTAIN WORKS - 김진호 변유찬
윤준환 조정구 정춘환 요네다사치코
이우조 송선미 김남은

영상
김진호 변유찬

전시도록

총괄
송인호 임원빈

기획·진행
김종은 박지영

제작지원
정효진 나신균
홍수경 최혜영 유지훈

자료조사
이소희 양유경

사진촬영
최인호 강영호 박효진

북디자인
에피

인쇄
가을기획

자료협조
국가기록원
국립고궁박물관
국립민속박물관
국립중앙도서관
국립한글박물관
삼성미술관 LEEUM
서울대학교 규장각한국학연구원
서울시립대학교 박물관
한국학중앙연구원 장서각
한국전력공사 전기박물관
건축도감
구가도시건축
동네연구소
유한양행
(재)동북아문화재연구원
(재)한울문화재연구원

참고도서

서울역사박물관, 『돈의문뉴타운조사보고서1-돈의문 밖, 성벽 아랫마을』, 2009
서울역사박물관, 『돈의문뉴타운조사보고서2-도시민의 삶과 주거』, 2009
서울특별시, 『돈의문 복원 타당성 조사 및 기본계획』, 2010
서울특별시, 『새문안동네 돈의문 역사문화마을 기록화 작업』, 2016
서울특별시, 『100년 골목 돈의문 박물관마을 이야기』, 2017
서울특별시, 돈의문1구역 도시환경정비사업 조합, 『돈의문1구역 역사공원조성 기본계획보고서』, 2015
서울특별시, 돈의문1구역 도시환경정비사업 조합, 『새문안동네 돈의문 역사문화마을 기록화작업보고서』, 2017
경기대학교 건축학과 도시설계·도시사연구실, 건축문화연구소 건축도감, 구가도시건축
「지워버린 도시의 기록01 교남동 2013 도시건축조사 야장집」 2013
정춘환, 경기대학교 일반대학원 박사논문, 「1920-1960년대 서울 서대문밖 도시한옥의 평면과 구조특성」, 2015

돈의문전시관

DONUIMUN MUSEUM

발행인

서울역사박물관장

발행일

2019년 12월

발행처

서울역사박물관 도시유적전시과

03177 서울특별시 종로구 새문안로 55

www.museum.seoul.kr

T. 02-724-0274~6

행정간행물 등록번호

51-6110569-000278-01

ISBN

979-11-90480-08-6(03600)

값 14,000원

03600

9 791190 480086

ISBN 979-11-90480-08-6